Angelika Wenger-Hadwig

Verführungen in orientierungsloser Zeit

Veröffentlichungen des Internationalen Forschungszentrums für Grundfragen der Wissenschaften Salzburg

Neue Folge, Band 73

Fragen der Inneren Schulreform

Schriftenreihe des Instituts für Medienpädagogik
am Internationalen Forschungszentrum
für Grundfragen der Wissenschaften
Band 3
Herausgegeben von Marian Heitger

Verführungen

in orientierungsloser Zeit

Beiträge von Friedhelm Brüggen,
Waltraud Harth-Peter, Jörg Ruhloff,
Marian Heitger

Herausgeberin dieses Bandes
Angelika Wenger-Hadwig

Tyrolia-Verlag · Innsbruck-Wien

Mitglied der Verlagsgruppe „engagement“

Die Deutsche Bibliothek – CIP-Einheitsaufnahme

Verführungen in orientierungsloser Zeit /
Beitr. von Friedhelm Brüggen … Hrsg. dieses Bd. Angelika Wenger-Hadwig. –
Innsbruck ; Wien : Tyrolia-Verl., 1999
(Veröffentlichungen des Internationalen Forschungszentrums für Grundfragen
der Wissenschaften Salzburg ; N.F., Bd. 73)
(Fragen der inneren Schulreform ; Bd. 3)
ISBN 3-7022-2245-6

1999

Umschlaggestaltung: Mag. Elke Staller
Umschlagbild: Buenos Dias Bildagentur, June
Druck und Bindung: Alcione, Trento
ISBN 3-7022-2245-6

Inhaltsverzeichnis

Vorwort

Das traditionelle Herbstsymposion am Institut für Medienpädagogik setzt sich bei der 19. Tagung zu Fragen der Inneren Schulreform mit dem Problem zunehmender Orientierungslosigkeit auseinander. Der Verlust tradierter Werte und Ordnungen hat zur Folge, daß es vielen Menschen nicht mehr gelingt, den Standort auf ihrem Lebensweg und das Ziel ihres Lebens zu bestimmen. Die Familie, die früher ein wesentlicher Orientierungspfeiler des Heranwachsenden war, scheint diese Funktion immer häufiger an institutionelle Erzieher abzugeben, sie delegiert Wertvermittlung und die Verantwortung dafür an die Schule. Selbst Pädagogen fällt es zusehends schwer, das Maß, an dem sich der junge Mensch orientieren könnte, festzulegen. Der herrschende Wertpluralismus unserer Gesellschaft schafft Unsicherheit: Einerseits wird eine Erziehung in und zur Freiheit gefordert, andererseits werden von einem staatlich überwachten Schulwesen Unterrichts- und Erziehungsziele vorgegeben, die durch Methoden der modernen Erziehungswissenschaft meßbar und evaluierbar sein sollen. Der Widerspruch ist dieser Forderung immanent. Erziehung zu Mündigkeit, setzt eigenständiges Denken, Argumentationsfähigkeit und Auseinandersetzung mit dem Dialogpartner voraus. Daraus erwächst die Möglichkeit sich zu orientieren, ethische Werte zu finden, die für die eigene Person Gültigkeit haben, die vom Gewissen immer aufs neue geprüft werden. Diese Fähigkeit ist aber statistisch nicht erfaßbar. Die Kunst der Pädagogik liegt darin, weder Willkür walten zu lassen, noch bestimmte Werte aufzudrängen. Durch Bildung kann der junge Mensch ein Wertsystem aufbauen, an dem er sich auf seinem Lebensweg orientiert.

Unkritische Übernahme von Werten verhilft den „Verführern“ zu leichtem Spiel. Radikale Gruppierungen und Sekten können ihr scheinbar Sicherheit und Glück verheißendes Wertsystem ihren „Opfern“ gut verkaufen. Wer gelernt hat, prüfend zu denken, kann Verführungen leicht widerstehen. Deshalb sind Bildung und Orientierung eng miteinander verbunden. Trotz der unterschiedlichen Blickwinkel der Referenten zum Thema, wurde diese Kernaussage überall getroffen.

Zu danken ist den Teilnehmern der Veranstaltung, die durch ihre Diskussionsbereitschaft die Tagung bereichert haben; dem Bundesministerium für Unterricht, Kunst und Sport, dem Bundesministerium für Wissenschaft und Verkehr, dem Land Salzburg sowie der österreichischen Bischofskonferenz für die Bereitstellung der finanziellen Mittel; den Mitarbeitern des IFZ Salzburg für die Hilfe bei der Durchführung; schließlich dem Tyrolia-Verlag für die Bereitschaft der Drucklegung.

Angelika Wenger-Hadwig

Jörg Ruhloff

Orientierung und Skepsis

1. Vorbemerkungen

Das Thema dieses Symposions kann praktische Pädagogen, Erzieherinnen und Erzieher, Lehrer und Lehrerinnen beunruhigen, befremden und verwirren. Die Rede von Orientierungskrise, Orientierungslosigkeit, Orientierungsbedarf und Orientierungsnot in der gegenwärtigen Gesellschaft steht in einem seltsamen Kontrast zu dem, was Pädagogen tagtäglich tun. Denn in einer bestimmten Hinsicht geben Erziehung und Unterricht fortgesetzt Orientierungen, und noch nie in der Geschichte haben öffentlich veranstaltete Erziehung, Unterrichts- und Lehrpraxis so umfangreich und so lange in den individuellen Lebenslauf der Menschen eingegriffen wie in modernen Gesellschaften. Wir brauchen nur an die jetzigen Schul- und Studienzeiten, an Kinderkrippe und Kindergarten, an Umschulungs-, Fort- und Weiterbildungsangebote, an Altenbildung zu denken und damit zu vergleichen, was unseren Eltern und Großeltern an sogenannten Bildungsmöglichkeiten geboten wurde, wie relativ kurz deren Schul- und Ausbildungszeiten waren und wie es mit der Zugänglichkeit des öffentlichen Erziehungs-, Unterrichts- und Ausbildungsangebotes für die breite Masse der Bevölkerung vor 50 oder 100 Jahren bestellt war.
Ich sehe auch keinen ernsten Grund, im allgemeinen daran zu zweifeln, daß das, was in der praktischen Pädagogik geschieht, orientierend ist. Wenn Kinder im Kindergarten erfahren, wie man in einer größeren Kindergruppe, die die Familien heute zumeist nicht mehr bieten, miteinander umgeht, wenn sie in der Schule lesen lernen oder im fortgeschrittenen Unterricht in die verschiedenen Sachgebiete und Fragen unserer kulturellen Welt eingeführt werden, dann gelangen sie auch zu Orientierungen. Das geschieht sicherlich je nach Qualität der pädagogischen Bemühungen, der eigenen Anstrengungen und der gegebenen Bedingungen einmal besser,

ein anderes Mal schlechter, aber doch nicht überhaupt nicht, falls Erziehung und Unterricht nur irgend etwas besagen und nicht völlig bedeutungslos bleiben. Nähme man umgekehrt die heute verbreitete öffentliche Klage über *Orientierungslosigkeit* ganz wörtlich, so müßte man unterstellen, daß es mit der Pädagogik nichts ist, daß sie überhaupt nichts von dem leistet, was ihr angesonnen wird und was sie von sich her zu leisten verspricht. Und das wäre eine so grobe Übertreibung, daß sie nicht wert wäre, beachtet zu werden.
Falls gleichwohl an den heutigen Klagen über Orientierungsunsicherheit, Orientierungsmangel und Orientierungslosigkeit etwas dran ist, dann müssen sie sich wohl auf etwas anderes beziehen, als was man mit unbefangenen Ohren zunächst hören kann. Eines, was daran zu sein scheint, liegt auch sozusagen auf der Straße, ist allerwärts zu hören und in bildungspolitischen Projekten und Maßnahmen zu greifen: Es mangelt, so wird behauptet, an ethischen bzw. an den richtigen ethischen Orientierungen. Von Erziehung und ethischer Orientierung wird im folgenden daher hauptsächlich die Rede sein. Ein skeptischer Zug wird dabei einfließen, aber erst am Ende ausdrücklich zum Thema erhoben werden.

2. Problemaufriß

Das Problem der ethischen Orientierung in der Pädagogik ist alt. Es reicht zurück bis in die Anfangszeit der theoretischen Pädagogik. Auch wenn wir es heute im einzelnen mit Orientierungsfragen zu tun haben, die die Antike nicht kannte, könnte es doch lehrreich sein, im Rückgang auf sie ein pädagogisches Grundproblem zu verdeutlichen, das bis heute nicht gelöst ist und das allen drängenden ethischen Orientierungsbegehren ebenso wie vorgefertigten Orientierungsangeboten im Wege steht. In einem zweiten Schritt gehe ich auf Gründe ein, die das gegenwärtige gesteigerte Orientierungsverlangen verständlich machen können. Drittens werde ich auf eine grundsätzliche pädagogische Schwierigkeit mit ethischen Orientierungsangeboten hinweisen. Am Ende folgen einige Bemerkungen zum Umgang einer problematisch vernünftigen und skeptischen Pädagogik mit Orientierungsfragen.

2.1 *Eine Erinnerung an die antiken Anfänge*

In seinem Dialog mit dem Titel *Protagoras* schildert Platon die folgende Situation[1]: Eines Morgens wird Sokrates schon vor dem Hellwerden aus dem Schlaf gerissen. Ein aufgeregter junger Mann, vielleicht etwa 15 Jahre alt, möchte dringend ins Haus gelassen werden, um sich mit Sokrates zu beraten. Der berühmte Sophist Protagoras ist nämlich nach Athen gekommen. Bei Protagoras möchte der Junge dringend in die Lehre gehen, von ihm erwartet er die richtige Orientierung. Nun ist er aber leider noch sehr jung und auch ein wenig schüchtern. Er traut sich nicht, den berühmten Sophisten selber anzusprechen. Sokrates, das ist sein Begehren, soll bei Protagoras ein gutes Wort für ihn einlegen, damit der ihn als Schüler akzeptiere. Im Morgengrauen auf dem Hof herumspazierend verwickelt Sokrates den Jungen in ein Gespräch. Er möchte von ihm wissen, was er denn eigentlich von einer Lehre bei Protagoras erwarte. Es stellt sich heraus, daß der Junge darüber und über die allgemeine Gefahr, die mit allen pädagogischen Bemühungen verbunden ist, nicht nachgedacht hat. Es ist ihm nämlich nicht klar, so stellt Sokrates fest, daß man das, was man aus einem pädagogischen Umgang mitnimmt, nicht wie in einem Topf verwahren und gefahrlos prüfen lassen kann wie eine gekaufte Speise, die vielleicht verdorben ist. Trotz seines Nichtwissens glaubt Sokrates nämlich zu wissen, daß das, was Erziehung und Unterricht tun, irgendwie „in der Seele" eines Menschen hängenbleibt und ihn in seinem Menschsein verwandelt. So wie verdorbene Nahrung körperliche Erkrankungen verursacht und nicht einfach folgenlos bleibt, so kann auch der pädagogische Umgang Verstand und Seele verderben, wenn es nicht der richtige ist. Da nützt es nichts, daß ein eifriger Schüler oder seine Eltern oder sein Staat genug Geld haben, um teure Lehrer zu bezahlen. Man sollte vielmehr vorher prüfen und zu Wissen bringen, was ein Erzieher und Lehrer mit einem anstellt und ob das für lernbegierige Menschen bekömmlich ist.

Sokrates und der Junge beschließen darum, zu Protagoras zu gehen und ihn zu fragen und zu prüfen, was er denn für das Lehrgeld anzubieten hat, was er aus jungen Leuten zu machen verspricht und ob dieses Versprechen glaubwürdig ist. Protagoras verspricht, daß diejenigen, die zu ihm in die Lehre kommen und mit ihm Umgang haben, „von Tag zu Tag besser werden". Er meint damit ausdrücklich nicht, daß seine Schüler besser rechnen und schreiben lernen oder daß sie in den höheren Künsten der Mathematik, der Astronomie und der Literatur zu größerem Können gelangen. Sein Versprechen ist, daß er andere gegen Bezahlung *ethisch* orientieren und dadurch besser machen könne, so daß sie in ihren privaten und in den öffentlichen Angelegenheiten der Stadt „wohlberaten", tüchtig und „tugendhaft" werden.

Sokrates bezweifelt, daß dieses Versprechen glaubwürdig ist. Seine These lautet, daß weder Protagoras noch irgend jemand andere Menschen ethisch orientieren und besser machen könne. Darüber entspinnt sich ein langes Streitgespräch. Es endet mit einer seltsamen Vertauschung der anfänglichen Positionen: Protagoras muß am Ende zugeben, daß er zuviel versprochen hat. Das sokratische Examen demonstriert, daß er seine Behauptung, er könne andere Menschen von Tag zu Tag besser machen, nicht hinreichend begründen kann.

Aber auch Sokrates geht aus dem Streitgespräch nicht unverändert hervor. Während er anfangs behauptet hatte, ethische Belehrung sei unmöglich, gibt er am Ende zu, daß sie zumindest denkbar ist. Das Problem stellt sich für ihn jetzt folgendermaßen dar: Kein Mensch wählt und tut wissentlich etwas für ihn Schlechtes. Niemand zum Beispiel hielte sich an eine unangenehme Diät, wenn er nicht wüßte oder daran glaubte, daß der ärztlich verordnete ekle Brei im Ergebnis das lästige und gefährlich hohe Körpergewicht senkt, also das Leben verlängert oder die soziale Anerkennung durch ein schöneres Aussehen steigert. Das Problem ist nur, daß wir nicht ohne weiteres wissen, was das Gute und was das Schlechte ist. Um das in unsere Gegenwart zu projizieren, brauchen wir nur daran zu denken, daß hartgesottene Raucher nicht einfach dadurch vom Rauchen abzubringen sind, daß man ihnen demonstriert, wie sehr wahrscheinlich sie auf den Lungenkrebs oder den Herzinfarkt zuleben. Sie brauchen nicht einmal zu leugnen, daß auch *sie* Karzinom und Infarkt als etwas für sich selber und auch als allgemein für Menschen Übles erachten. Sie können zum Beispiel sagen, daß das bloße Leben, das ohnehin für uns alle, wenn auch in zeitlich unbestimmter Weise begrenzt ist, für sie und vielleicht auch für Menschen allgemein nicht das höchste Gut ist. Es kommt also darauf an, und das ist Sokrates' Problem, zu wissen, was das höchste Gut ist oder wie sich überhaupt die möglichen Güter in die richtige

Ordnung bringen lassen. Es kommt, wie Platon schreibt, auf eine Art Meßkunst des Guten an, die es uns ermöglicht, in allen Fällen des Lebens richtig zu ermitteln, was jeweils zu tun und lassen besser und was schlechter ist. Aber verfügen wir über eine solche Meßkunst? Sokrates jedenfalls verfügte darüber nicht. *Wenn* wir, so etwa ist seine abschließende Überlegung, über eine verläßliche ethische Meßkunst verfügten, dann würden wir auch als Pädagogen andere ethisch belehren und besser machen können. *Ob* wir darüber verfügen, das bleibt offen. Mit dem Stachel dieser Frage im Fleisch läßt Sokrates uns zurück.

2.2 Ein radikale pädagogische Problematisierung von Ethik in der Gegenwart

Bis heute ist dieser Stachel nicht gezogen, wenngleich es offenbar zahlreiche Menschen gibt, die ihn kaum spüren, sondern darauf bauen, daß wir eine verläßliche Ethik haben oder bald entwickeln könnten, um den Orientierungsbedarf zu befriedigen. Unter den großen Philosophen unseres Jahrhunderts ging Ludwig Wittgenstein sogar noch einen Schritt weiter als Sokrates. Wittgenstein vertrat die Überzeugung, daß man über Ethisches überhaupt nicht vernünftig sprechen könne, obwohl er den Versuch, es dennoch zu tun, als „Dokument einer Tendenz im Menschen“ anerkannte, „die hochzuachten“ er nicht umhinkam und über die er sich „um keinen Preis lustig machen möchte“[2].

Unter den Theoretikern der Gegenwartspädagogik, die eine ethische Begründung von Pädagogik radikal problematisiert haben, erwähne ich Theodor Ballauff (1911-1995). Er wagte trotz oder vielleicht auch wegen seines umfassenden Wissens um die zahlreichen ethischen Begründungsversuche in der Geschichte der Pädagogik die These, daß die Ethik vielleicht nur eine Verlegenheit ist und daß wir sie zur Begründung von Pädagogik möglicherweise gar nicht brauchen. „Ein Mensch, der [die ihn] inanspruchnehmenden Aufgaben unmittelbar einsieht, bedürfte keines ‚Sollens‘ und keiner ‚Moral‘. Erst die Umstände und Widerstände, die Umwelt und Mitwelt lassen [uns] unter die Diktatur des ‚Sollens‘ geraten.“[3] Worauf es pädagogisch zuerst und zuletzt ankommt, das ist nach

Ballauffs Gedankengang nicht die Ethik, sondern das sind „Gedanklichkeit, Einsichtigkeit, Wissen [...], Vernunft und Sprache als die zwei Seiten des einen Denkens“[4]. Der Sachverhalt, daß Ethiken mit ihren Normen und Präskriptionen auftreten, sei ein Indiz dafür, daß Menschen den Aufgaben, die ihnen ursprünglich zukommen, nicht nachkommen. Mit anderen Worten: Wir lassen uns nicht von Gedanken und Einsichten leiten, obwohl wir um deren Anspruch „sehr wohl wissen“. Niemand, der nachdächte, brauchte von einer Ethik gesagt zu bekommen, daß Babys nicht in den Mülleimer geworfen werden sollten, wie es gleichwohl geschieht. Nach dieser Überlegung korrespondiert die Ethik nicht der Güte des Menschen oder garantiert diese. Sie ist statt dessen eine Reaktion auf die verbreitete menschliche Verkehrtheit. In diesem Sinne zitiert Ballauff Paulus' Römerbrief (4,15): „Mit dem Gesetz kam die Sünde in die Welt“. In einer zugespitzten freien Interpretation besagt das: Moralische Verfehlungen und explizite moralische Normen stammen aus derselben Quelle.
Weiter stellt Ballauff fest, daß „die bisherige Ethik [... eine] autistische Selbstrechtfertigungslehre der Menschen“ war[5]. Dieser Vorwurf wendet sich auch noch gegen die strenge Gesetzesethik Kants – ich diskutiere jetzt nicht, ob zu Recht –: „Alles dürfen die Menschen zu Mitteln machen, nur sich selbst nicht. Alles dürfen die Menschen unternehmen ohne Rücksicht auf Dinge, Wesen, kosmische Verhältnisse, aber immer in steter Rücksicht auf die Mitmenschen und ihre [angebliche] ‚Autonomie‘.“ „Wer sollte all dem widersprechen? – Kein Gott und kein Tier, keine ‚Natur‘ und kein Kosmos, denn sie sind stumm.“[6] Die Aufgabe der Pädagogik wäre es, Menschen in ein radikales Denken einzubeziehen, so daß sie in selbstloser Verantwortung für Sachen, Wesen, Mitmenschen und Verhältnisse so eintreten, daß eine Wohlordnung, ein „Kosmos“ entsteht, indem vieles, jedoch nicht alles Verschiedenartige miteinander bestehen kann. Der moderne Umweltschutz ist ein Beispiel für den Versuch einer solchen „kosmischen Verantwortung“. Er zeigt zugleich, daß mit einfachen Normen, Orientierungen und Vorschriften nicht viel auszurichten ist: Es ist ja nicht damit getan, ohne Rücksicht auf alles andere die Natur, den Wald und die Gewässer vor Zerstörung durch Industrie und Straßenverkehr zu bewahren. Es verhält sich nicht etwa so, daß all das, was dem menschlichen Denken und menschlicher Technik entsprungen ist, im Unterschied zu

dem, was „von Natur" aus ist, von vornherein das Schlechtere wäre. Wir müssen vielmehr ermessen und erwägen, wie eines mit dem anderen verbunden werden kann, so daß ein Lebensraum entsteht beziehungsweise erhalten wird. Ein solches gemeinsames Ermessen, Erwägen und Begründen ist eine tagtägliche Aufgabe, in die die Erziehung die Heranwachsenden einbezieht. Eine fertige ethische Meßlehre gibt es dafür nicht, und sie ist auch in Zukunft nicht zu erwarten.

3. Gründe für das gesteigerte Begehren nach ethischen Orientierungen

In unserer Gegenwart sind Bedenken gegen die Lehrbarkeit von Ethik und noch mehr solche gegen Ethik insgesamt weder sehr verbreitet, noch werden sie gerne gehört. Pädagogen sind im allgemeinen eher Verfechter sowohl der These, daß wir in der Pädagogik eine feste ethische Orientierung brauchen, als auch der anderen These, daß Ethisches erzieherisch vermittelt werden kann. Das gilt jedenfalls überwiegend für die Situation in Deutschland. Seit den letzten Jahren ist allerdings auch eine gegenläufige Entwicklung zu beobachten, die vermutlich in Zukunft noch zunehmen wird. Darauf weise ich wenigstens kurz hin.
Eine wachsende Gruppe von Theoretikern und Praktikern der Pädagogik wurde in jüngster Zeit beeindruckt durch die Ideen des *Radikalen Konstruktivismus* und der unter seinem Einfluß fortentwickelten soziologischen *Systemtheorie* von Niklas Luhmann. Der Grundgedanke des Konstruktivismus läuft darauf hinaus, daß jedes individuelle menschliche System sich und seine je eigene Welt aufgrund von Irritationen durch seine Umwelt selber konstruiert. Ein unmittelbarer und verläßlicher Einfluß der Gedanken eines Menschen auf die eines anderen ist danach nicht möglich; und „strukturelle Koppelung" ändert daran nichts. Eine gemeinsame ethische Welt wäre nach dieser Theorie ein Resultat des Zufalls. Damit entfällt die unabdingbare Voraussetzung jeder vernünftigen Ethik, und es ist eine irrationalistische Inkonsequenz, wenn die Protagonisten des Konstruktivismus, die Biologen Maturana und Varela, trotzdem eine Art Liebesethik predigen[7]. Konsequenter erscheint Luhmann,

wenn er „Ethik“ zu einer Sache für „schlichte Gemüter“ erklärt[8]. Daß solche Vorstellungen in der praktischen Pädagogik Verbreitung finden, ist verständlich: Sie bieten Erziehern eine Erklärung dafür, daß die angestrengtesten erzieherisch-ethischen Orientierungsbemühungen oftmals scheitern oder nicht zum erwünschten Erfolg führen. Auf dem Boden des Radikalen Konstruktivismus kann man nun sagen: Das Kind hat sich eben selber anders konstruiert, als wir es wollten. Wer dieser Theorie nicht traut, könnte hingegen auf den Verdacht kommen, daß der Konstruktivismus unter Pädagogen darum zunehmend Anhänger findet, weil er geeignet ist, uns von aller Schuldigkeit zu entlasten.

Überwiegend jedoch wird heute von Pädagogen die Ethik bejaht und nach einer neuen Ethik gerufen. Woran liegt das, und ist das ein gutes Zeichen? Zwei Gründe scheinen mir für das Begehren nach ethischer Orientierung und einer das Ethische betonenden Erziehung in der Gegenwart besonders hervorhebenswert zu sein:

Der *erste* hängt mit der zunehmenden Vereinzelung der Menschen in modernen Gesellschaften zusammen. Marian Heitger hat frühere Formen dieser Entwicklung bereits vor 35 Jahren in seinem Buch *Bildung und moderne Gesellschaft* beschrieben und kritisch in die pädagogische Reflexion hineingeholt.[9] Heute lauten die Stichworte „Individualisierung“, „Pluralisierung der Lebensformen“, „Postmodernismus“. Ehemals wirksame gemeinsame Lebensmuster und soziale Kontrollen im Nahbereich sind in modernen Gesellschaften schwächer geworden. Die Familien sind kleiner geworden, und ihre lebensregulierende Macht für die Heranwachsenden hat abgenommen. Der Einfluß der großen Religionen hat sich verringert. Daraus kann man nicht schließen, daß die Menschen früher „besser“ waren. Die Macht einer uniformen Sozialisation, die von sich her ein selbständiges moralisches Handeln eher behindert als ermöglicht hat, hat abgenommen. Mit wachsender Freiheit haben sich aber auch die Chancen für die menschliche Gebrechlichkeit und Bosheit vermehrt. – Ohne Bewertung kann festgehalten werden: Die Möglichkeiten der einzelnen Menschen, ihr Leben nach individuellen eigenen Entwürfen zu führen, sind gewachsen. Zwar haben gleichzeitig auch die sozialen Kontrollen und Standardisierungen in modernen Gesellschaften zugenommen.[10] Heranwachsende gehen z. B. länger auf staatlich kontrollierte Schulen; Werbung, politische Propaganda und anderes üben über Massenmedien einen standardisierenden Einfluß auf die Meinung und auf das Verhalten aus. Trotzdem bleibt in den demokratischen und liberalen Gesellschaften der sogenannten Postmoderne für die einzelnen ein vergleichsweise großer Handlungsspielraum. Damit einher geht ein erhöhter Orientierungsbedarf, der das gesteigerte Begehren nach ethischer Orientierung verständlich machen kann.

Ein *zweiter* Grund für das Verlangen nach Ethik ergibt sich aus dem gefährlichen Überschuß des wissenschaftlichen und technischen Könnens in der modernen Welt. Unsere Möglichkeiten, in die Natur und in das eigene Leben verändernd einzugreifen, drohen uns gewissermaßen über den Kopf zu wachsen. Ein erstes großes Beispiel dafür war in unserem Jahrhundert die Erfindung der Atombombe. Wir können uns an Goethes „Zauberlehrling" erinnern, der an seiner eignen Kunst zugrunde zu gehen droht, weil er vergessen hat, wie er den herbeigezauberten automatischen Wasserträger zur Ruhe bringen kann. Heute sind es besonders die atemberaubenden Entwicklungen in der Biotechnik und in der medizinischen Technik, die völlig neue menschliche Handlungsmöglichkeiten geschaffen haben oder in Aussicht stellen, ohne daß wir zugleich wüßten, wie wir von ihnen vernünftigen Gebrauch machen könnten. In der Tendenz laufen die neuen technischen Möglichkeiten darauf hinaus, Menschen nach unserem „eigenen Bild" zu machen, das heißt: nach willkürlichen menschlichen Vorstellungen. Was bereits vor 500 Jahren in der europäischen Renaissance gedacht worden war, daß nämlich der Mensch das Ebenbild Gottes auch im Hinblick auf die Schöpferfunktion Gottes sei[11], das ist heute eine bedrohliche Realität. Das überschießende neue Können drängt auf die Fragen, was wir tun sollen und tun dürfen. Ausdruck dieser Situation ist beispielsweise die Einrichtung staatlicher Ethik-Kommissionen oder die Einführung eines verpflichtenden Ethik-Unterrichts an öffentlichen Schulen. Zwar gehörte das Mißverhältnis zwischen Können einerseits, Wählen beziehungsweise „Wollen" andererseits wohl immer schon zu den Problemen ethischer Orientierung. Die Handlungsmöglichkeiten jedoch, die die neuzeitliche und insbesondere die Wissenschaft und Technik des 20. Jahrhunderts geschaffen haben, sind geschichtlich bislang einmalig. Sie führen neuartige Orientierungsprobleme herauf.

Für die ethische Orientierungsproblematik in der Pädagogik ist dieser zweite Aspekt heute noch relativ wenig bedeutsam; denn wir

verfügen nicht über eine wissenschaftlich begründete pädagogische Technik, auf deren Basis wir mit berechenbarer Erfolgswahrscheinlichkeit beliebige Erziehungs- und Unterrichtsziele erreichen könnten. Den biotechnologischen Phantasien einiger Forscher zufolge liegt das für die Pädagogik relevante Problem heute eher darin, daß auf dem Wege biotechnischer Eingriffe, beispielsweise gentechnischer Manipulationen, gewisse mühselige, personalintensive und teure pädagogische Praktiken überflüssig werden könnten. Menschen könnten nach den Vorstellungen und Wünschen anderer Menschen ohne Erziehung biotechnisch hergestellt oder formiert werden. Rousseaus Schreckensvision, daß die Menschen der Moderne zu „Menschen der Menschen" werden, daß ihre Invidualität hinter dem Zwang gesellschaftlicher Formen verschwindet, ist heute auf bestimmten Gebieten bereits Realität. Sie könnte in Zukunft pädagogische Aufgabenstellungen und Praktiken mehr und mehr veralten lassen und verdrängen. Genetische Zuchtwahl, Verabreichung von Pillen und Anschluß an Hirnstimulatoren statt an Lehrer und Erzieher tauchen am Horizont realisierbarer Möglichkeiten auf. Und was die Aussichten auf die Verwirklichung derartiger Möglichkeiten betrifft, so gibt die bisherige Menschheitsgeschichte eher Anlaß zum Pessimismus: Die Verlockung, wenigstens unter dem Deckmantel wissenschaftsförderlicher Experimente auch tatsächlich zu tun, was zu tun möglich erscheint, war bislang in der Regel stärker als moralische Scheu und ethische Bedenklichkeiten.[12]
Die Frage, ob das gegenwärtige Begehren nach ethischer Orientierung als ein gutes Zeichen zu werten ist, ist nach diesen Hinweisen scheinbar überflüssig. Kaum etwas scheint in unserer Lebenssituation wichtiger zu sein. Aber haben wir denn eine Ethik, auf die wir einfach zurückgreifen und die wir sozusagen auch pädagogisch mobilisieren könnten? Bezeugt nicht das gesteigerte Begehren nach Ethik zugleich den Sachverhalt, daß es an Ethik insgesamt oder zumindest an einer für unsere heutigen Probleme zureichenden Ethik mangelt?
Um bei der Pädagogik zu bleiben, ist m.E. vor allem eines zu sagen: Wir können heute in der Erziehungspraxis und in der pädagogischen Theorie nicht mehr von der Unterstellung einer einzigen und wahren Ethik ausgehen, wie das die pädagogischen Klassiker des 18., 19. und des frühen 20. Jahrhunderts taten und unter den Bedingungen ihrer Zeit vielleicht mit einiger Berechtigung tun

konnten. Sie gingen von der Vorstellung einer universalen Ethik aus, auch wenn die inhaltliche Ausgestaltung der Ethiken schon damals kontrovers war und blieb. Unsere Lage ist anders. Zweifelsfrei richtige und unumstrittene Sätze der Ethik, auf die wir uns pädagogisch bedenkenlos stützen könnten, stehen uns nicht zur Verfügung.

Ethik ist eine Angelegenheit geschichtlichen menschlichen Denkens. Sogar jahrtausendealte, wenn auch wenig wirkungsvolle Gebote wie das Tötungsverbot sind heute nicht mehr selbstverständlich. Der Streit um Sterbehilfe und um die Begriffe von „Leben" und „Tod" angesichts der fortgeschrittenen Medizintechnik macht das deutlich, egal auf welche Seite man sich zu schlagen geneigt sein mag. Weder können wir uns im ethischen Diskurs auf eine für alle Menschen gleichermaßen glaubhafte außermenschliche Instanz stützen, die uns allgemeinverbindliche Gesetze, Normen und Gebote vorgibt. Noch können wir auf eine unveränderliche menschliche „Natur" oder einen „Wesenskern" zurückgreifen, um von daher zu allgemeingültigen ethischen Orientierungen zu gelangen.

Hinzu kommt ein pädagogisches Argument, das das gesamte Modell einer auf Ethik fundierten oder an vorgegebenen ethischen Regeln orientierten Pädagogik in Frage stellt: Wir werden heute nicht mehr so von der pädagogischen Aufgabe sprechen, als ob die Kinder und Jugendlichen in ethischer Hinsicht noch keine vollwertigen Menschen seien, so daß die Erwachsenen, die Lehrer und Erzieher, mit ihrem ethischen Denken *stellvertretend* die tatsächlichen oder vermeintlichen ethischen Mängel der Jüngeren ausgleichen.[13] Zumindest kann gesagt werden, daß das pädagogische Stellvertreter-Modell in der pädagogischen Theorie längst schwer erschüttert worden ist. Das bedeutet: Kinder und Jugendliche werden nicht mehr als in gewisser Hinsicht minderwertige Menschen angesehen, denen Erwachsene mit einer fertigen Ethik gegenübertreten. Statt dessen ist auch die jüngere Generation schon während des Erziehungsprozesses am ethischen Diskurs beteiligt. Auf welchen anderen Wegen als über die Beteiligung an Orientierungsfragen und an ethisch bedeutsamen gemeinsamen Erfahrungen könnte eine orientierende Erziehung denn auch verlaufen, die zu verbindlichem selbständigem Denken und Handeln der Menschen führt, wie von der frühen Neuzeit an bis heute immer wieder gefordert wurde und wird? „Ethik" nimmt insofern gewissermaßen eine flüs-

sige Konsistenz an. Genaugenommen wandelt sich die ethische Problematik mit jedem jungen Menschen, der in sie eintritt beziehungsweise hineingezogen wird.
Damit ist nicht gesagt, daß gebildete Erwachsene Kindern und Jugendlichen nichts voraus hätten. Ich behaupte also nicht, daß die Heranwachsenden in Fragen der angemessenen Lebensführung und des vernünftigen Handelns keiner Maße und Grenzen setzenden Erziehung bedürften. Wohl aber wird behauptet, daß die von den Erziehern zu vertretenden orientierenden Maße und Grenzen im Erziehungsprozeß ihrerseits zum fragwürdigen Thema im Dialog zwischen Erziehern und zu Erziehenden werden und daß dies von Anfang an die Logik des Erziehens bestimmt, falls es wirklich um gedankliche Selbständigkeit geht. Das gilt natürlich erst recht für diejenigen Ermessensgesichtspunkte und Regulierungen, die Kinder und Jugendliche in anonymen Sozialisationsvorgängen unbemerkt übernehmen. Unter den Bedingungen der Moderne und der Postmoderne, aber auch bereits in Erinnerung an die vorchristliche Tradition der altgriechischen „Aufklärung" können wir pädagogisch nicht von objektiv allgemeingültigen und gleichsam unberührbaren ethischen Normen *vor* und *außerhalb* der Erziehung ausgehen. In einer bestimmten Hinsicht bedeutet das: Seit es und weil es ein pädagogisches Problem auf dem Niveau von „Bildung" und nicht nur auf dem von Vorbereitung und Einweisung gibt, hat die Ethik kein Fundament und insofern sind auch unabhängig von pädagogischen Überlegungen gewonnene ethische Orientierungen kein Fundament der Pädagogik.

4. Skepsis, problematischer Vernunftgebrauch und Orientierung

Die Berührung von Ethik und Ethiken mit der Pädagogik führt bei gedanklicher Konsequenz dazu, daß ethische Regeln problematisch werden. Sie werden problematisch, weil sie von einer neuen Generation befragt, geprüft, verstanden, akzeptiert und auch kritisiert werden müssen, falls uns pädagogisch an der Herausbildung gedanklicher Selbständigkeit liegt und falls wir einräumen, daß unsere eigenen ethischen Überzeugungen „menschlich" sind, das heißt: daß sie grundsätzlich fragwürdig und befragbar sind und nicht bedingungslos gültig wie göttliche Gebote.

In die eben vorgetragenen Überlegungen ist der Gedanke eingeflossen, daß so etwas wie eine ethisch orientierende Erziehung möglich ist. Sie erscheint mir möglich in Form der Beteiligung der Heranwachsenden an unseren gemeinsamen Aufgaben, in Form von argumentativen Dialogen über Handlungsziele und praktische Grundsätze und in Form von ungenormten individuellen Erfahrungen in risikogeminderten, pädagogisch vorbedachten Erfahrungsräumen.

Trotzdem bleibt der Stachel der Erinnerung an Sokrates und auch an Gedankengänge Kants[14]. Erziehung hat nicht die Macht, andere Menschen „gut" zu machen. Wir haben hinreichende geschichtliche Erfahrungen und Gründe anzunehmen, daß Menschen *ohne* wohlüberlegte erzieherische Bemühungen auch in ethischer Hinsicht gedankenlos bleiben und vielleicht bestialisch werden. Es fehlen jedoch hinreichende Gründe für die Behauptung, daß *durch* Erziehung Moralität mit Sicherheit hergeführt werden kann. Eines, was zu einer vernünftigen Lebensführung auch in ethischer Hinsicht gehört, kann aber pädagogisch-praktisch angestrebt und vielleicht auch erreicht werden: die Einsicht, daß wir unsere individuellen und unsere gemeinsamen Bestrebungen ermessen müssen und daß auch die Maßgaben, die wir dabei voraussetzen, einen problematischen Charakter behalten. Das skeptische sokratische Problembewußtsein, auch in wichtigsten Angelegenheiten unserer Lebensführung nicht über Wissen zu verfügen und darum im Fragen und Prüfen wach bleiben zu müssen, ist nicht angenehm. Aber es ist auch nicht folgenlos, wie häufig unterstellt wird. Es bewahrt davor, in maßlosen Utopien, Postulaten und Überschätzungen der individuellen und der kollektiven menschlichen Möglichkeiten oder auch im Glauben an die Güte von Kindern oder überhaupt von Menschen zu ertrinken.

Kaum etwas scheint weniger gut zusammenzupassen als *Orientierung* und *Skepsis* beziehungsweise problematischer Vernunftgebrauch. Wenn Skepsis mit Skeptizismus verwechselt und vor allem als Zweifeln verstanden wird, ist das auch richtig. Aber das trifft den Begriff der Skepsis nicht. Skepsis besagt: ausschauen, umherschauen, spähen. Wer sich skeptisch verhält, sucht etwas sichtbar zu machen, was zunächst verborgen ist.[15] Ein Zweifeln liegt in diesem

Vorgang nur insofern, als die Skepsis sich nicht damit zufriedengibt, daß das, was alltäglich offen zutage liegt, schon alles ist. Bezogen auf die Pädagogik und insbesondere auf die Frage nach pädagogisch-ethischer Orientierung besagt das: Ein problematisierendes, der Skepsis verbundenes Konzept praktischer Pädagogik dringt in Dialogen mit anderen darauf, die zunächst nicht gesehenen Begründungsschwächen, Begründungsmängel und Fragwürdigkeiten dessen, wovon wir uns im Leben leiten lassen, zum Vorschein zu bringen und zu bedenken.

Das wirft auf die Orientierungsfrage noch einmal ein anderes Licht: In einer gewissen Hinsicht stimmt es nämlich nicht, was in der Rede über „Orientierungslosigkeit" unterstellt wird. Wir sind gar nicht orientierungslos. Wenn Kinder und Jugendliche oder wenn wir als Erwachsene dieses oder jenes behaupten, wenn wir so oder so handeln bzw. etwas unterlassen, wenn wir von Gefühlen gepackt sind und eines verabscheuen, von einem anderen uns angezogen finden, dann folgen wird stets gewissen Orientierungen, häufig und vielleicht zumeist solchen, die uns durch Sozialisation zugeflossen sind. Die Erziehungsaufgabe könnte insofern generell darin bestehen, die fragwürdige Gültigkeit dieser primären Orientierungen sichtbar werden zu lassen und zu ermöglichen, daß wir uns im Denken orientieren. Das heißt zunächst einmal, daß wir uns der Problematik unseres Tuns und Lassens in Beziehung auf eine gemeinsame Welt bewußt werden. Dieses problematische Bewußtsein vollzieht sich im Fragen nach Gründen. Aus ihm folgt, das Tun und Lassen in Begründungszusammenhänge hineinzustellen. Begründungen wiederum überschreiten die Sphäre der bloßen Privatgeltung in Richtung auf Allgemeinheit und Gemeinsamkeit. Das gilt auch für diejenigen Fälle, in denen sie ausschließlich mein individuelles Ich in seinem unvertretbaren und unwiederholbaren Handeln betreffen.

Aber das ist nur eine Seite des Begründens als Orientierung im Denken. Eine andere Seite ist die, daß wir, wenn wir uns auf das Begründen einlassen, auch die „Abgründigkeit alles Begründens" erfahren[16]. Sich im Denken zu orientieren heißt gerade nicht, wie es in einer rationalistisch verflachten Aufklärung unterstellt wurde und wird, darauf zu bauen, daß alles seine gute Lösung finden wird – so wenig wie alles bloß zweifelhaft bleibt. Wenn unser Denken zu letztbegründeten Gewißheiten nicht hinreicht, dann ist, so könnte man sagen, mit der Orientierung im Denken ein ‚provisorisches' Leben verbunden. Das bedeutet nicht ein bloßes Sichdurchwurschteln, wie es im abwertenden Gebrauch von „provisorisch" anklingt, sondern ein vorausschauendes, aber auch auf Umdenkenmüssen gefaßtes Leben. Die Frage ist, ob ein besserer, ein sozusagen übersokratischer Lebensentwurf gerechtfertigt werden kann.

Anmerkungen:

1 Der Dialog ist in den letzten Jahren wiederholt Gegenstand pädagogischer Deutungen gewesen. Verwiesen sei auf die folgenden: Karl Helmer, Zum Problem ethischer Bindung des Lehrens und Lernens. Überlegungen im Anschluß an Platons Dialog Protagoras, in: Pädagogische Rundschau 37, 1983, S. 71ff.; Dietrich Benner, Von der Lehrbarkeit der Tugend angesichts der Frage nach der Tugend selbst. Erziehungs- und bildungstheoretische Überlegungen zum sokratischen Wissen des Nichtwissens, in: Pädagogische Skepsis, hg. D.-J. Löwisch, J. Ruhloff, P. Vogel. St. Augustin 1988, S. 129ff.; Wolfgang Fischer, Ist Ethik lehrbar? In: Zeitschr. f. Pädagogik 42, 1996, S. 17ff.; ders., Die sokratische Negation des Wissens – pädagogisch, in: W. Fischer, Kleine Texte zur Pädagogik in der Antike. Baltmannsweiler 1997, S. 83 ff.

2 Ethik, in: Ludwig Wittgenstein, Geheime Tagebücher 1914 – 1916, hg. Wilhelm Baum. Wien [3]1992, S. 86.

3 Pädagogik als Bildungslehre. Weinheim [2]1989, S. 47.

4 ebd.

5 Ballauff, a.a.O., S. 54.

6 Ballauff, a.a.O., ebd.

7 Humberto R. Maturana, Francisco J. Varela: Der Baum der Erkenntnis. Die biologischen Wurzeln des menschlichen Erkennens. Bern u. München [3]1991; vgl. insbes. Kap. 10.

8 Niklas Luhmann: Soziale Systeme. Grundriß einer allgemeinen Theorie. Frankfurt a. M. [2]1988, S. 599.

9 München 1963.

10 Vgl. Ulrich Beck: Risikogesellschaft. Auf dem Weg in eine andere Moderne. Frankfurt a. M. 1986.

11 Vgl. Verf., Vom Gottesknecht zum Selbstliebhaber. Ausblicke auf Individualität, Subjektivität, Autonomie in Interpretationen des Menschen zwischen Renaissance und Aufklärung. In: Bildung u. Erziehung 46, 1993, S. 167ff.

12 Vgl. Käte Meyer-Drawe: Menschen im Spiegel ihrer Maschinen. München 1996.

13 Dazu u.a.: Klaus Schaller: Pädagogik der Kommunikation. Annäherungen, Erprobungen. St. Augustin 1987; Jan Masschelein: Kommunikatives Handeln und pädagogisches Handeln. Weinheim, Leuven 1991; ders. u. Michael Wimmer: Alterität Pluralität Gerechtigkeit. St. Augustin, Leuven 1996.

14 Vgl. zu Kants Revision seines zeitweiligen pädagogischen Optimismus in dieser Frage: Wolfgang Fischer, Die Religion in Kants Begründung der Pädago-

gik, in: Peter Kauder, Wolfgang Fischer: Immanuel Kant über Pädagogik. Baltmannsweiler 1999, S. 173ff.

15 Dazu Wolfgang Fischer: Über den Mangel an Skepsis in der Pädagogik, in: ders., J. Ruhloff, Skepsis und Widerstreit. St. Augustin 1993, S. 11ff.

16 Theodor Ballauff, Systematische Pädagogik. Heidelberg [3]1970, S. 25.

Waltraud Harth-Peter

Mut zur Erziehung als Antwort auf die „aktuelle Orientierungskrise"?

– Kritische Anmerkungen zu einer pädagogischen Scheindiskussion –

„Es ist nachgerade zum öffentlichen Geheimnis geworden, daß das geistige Leben des deutschen Volkes sich gegenwärtig in einem Zustande des langsamen, einige meinen auch des rapiden Verfalls befindet. Die Wissenschaft zerstiebt allseitig in Spezialismus; auf dem Gebiet des Denkens wie der schönen Literatur fehlt es an epochemachenden Individualitäten; die bildende Kunst, obwohl durch bedeutende Meister vertreten, entbehrt doch der Monumentalität und damit ihrer besten Wirkung: Musiker sind selten, Musikanten zahllos."[1]

Dieses Zitat entstammt dem 1890 erschienenen Buch Langbehns „Rembrandt als Erzieher", das den Nerv der damaligen Zeit so präzise traf, daß es bis 1936 85 Auflagen erlebte. Seine irrationalen Ausbrüche und führerhaften Appelle an das deutsche Volk galten nicht nur als Initialzündung für die reformpädagogische Bewegung, sondern zeigen auch in gewisser Weise Parallelen zur pädagogischen Diskussion von heute, insofern diese ebenfalls die Zerrissenheit und Heterogenität der modernen Welt beklagt und durch eine neue Erziehung zu kompensieren sucht. Langbehns Antwort auf die u.a. von ihm beschriebene Zeitkrise, die Kunst als gefühlsbetonten und wurzelechten Ausweg aus den Zwängen einer immer mehr rationalisierten und spezialisierten Welt hochzustilisieren, schien bei Pädagogen und pädagogisch Interessierten die richtige, einfache Lösung aus der gesellschaftlichen Desorientierung zu sein. Die Dialektik von Vernunft und Gefühl, von Verstand und Mystizismus, von Rationalität und Irrationalität, die in der Vorstellung Langbehns immer mehr zugunsten des mechanischen und seelenlosen materialistischen Verstandes umzuschlagen drohte, wird – in seinem Geiste – durch Herzensbildung versus Verstandesbildung wieder in das ersehnte Gleichgewicht gebracht und läßt ihn neuen Lebenssinn erspüren gegen die immer mehr um sich greifende Technisierung, oder wie Max Weber sagt, „Entzauberung der Welt".

Liest man die aktuelle pädagogische Literatur, die sich die Entwertung der Werte und die Desorientierung der nachwachsenden Generation zum Thema macht, so blitzen Erinnerungen an die Heilspädagogik Langbehns auf. Die Spannbreite der Diskussion geht von der Aufforderung zum „Mut zur Erziehung" bis zum „Ende der Erziehung", um durch eine wie immer geartete Erziehung dem Dilemma der Zeitkrise zu entfliehen. Plakativ werden Standpunkte gekennzeichnet, die durchaus Unterschiedliches meinen. Gemeinsam aber ist offenbar allen der Wunsch, eine neue Erziehung bzw. eine Reform der Erziehung zu provozieren. Die einen jedoch glauben an die Macht der richtigen Methodik und Didaktik, die anderen hoffen auf die Schaffung neuer Entitäten oder befürchten gar die Abschaffung jeglicher Erziehung.
Der Hamburger Erziehungswissenschaftler Peter Struck[2], der das aktuelle Paradebeispiel für die Vereinfachung der pädagogischen Probleme darstellt, macht nicht nur „Mut zur Erziehung", sondern hat neuerdings auch die Schule der Zukunft erfunden, in der unsere nachwachsende Generation wieder zu verbindlichen Werten durch zeitgemäßes Lernen finden soll. „Aus der überfrachteten Belehrungsanstalt muß eine dynamisch sich fortentwickelnde Lernwerkstatt werden."[3] Im Glauben an die Macht der richtigen Methodik und Didaktik findet er die Lösung – nicht nur für das Problem der Orientierungslosigkeit, sondern für *alle* aktuellen pädagogischen Probleme – in der Vorgabe neuer Autoritäten und neuer Werte, die, von den Kindern einfachhin übernommen, wieder Orientierung und Lebenssinn ermöglichen. Struck will mit seinen Schriften den Leser dahin bringen, daß „er wieder Mut faßt, Innovationen anzugehen, weil ihm mit der Lektüre vielleicht klar wird, daß Erziehung und Bildung letztlich gar nicht so schwer sind, wie viele es uns weismachen wollen."[4] Der Amerikaner Neil Postman dagegen, der schon vor Jahren die Kindheit verschwinden[5] sah, prophezeit jetzt das „Ende der Erziehung" und will daher „neue Götter"[6], d. h. neue Mythen, die in ihrer Einfachheit ebenfalls neue Wertorientierungen bieten, denn, so argumentiert er, „wenn die Schule einen Sinn haben soll, müssen die Schüler, ihre Eltern und

ihre Lehrer einen Gott haben, dem sie dienen können, oder, besser noch, mehrere Götter."[7]

Es ist nun die *Frage*, ob sich die Pädagogik und ihre praktischen Implikationen durch das Vorgaukeln von „Omnipotenzphantasien" im Machen des neuen Menschen, durch die Erschaffung von quasireligiösen Ersatzfiguren auf eine neue materiale Wertethik gründen kann, oder ob nicht durch die Bedingungen der Moderne die Frage in den Vordergrund rückt, wie überhaupt Wertorientierungen des Menschen entstehen, und wie die Pädagogik unter den historisch-kulturellen Veränderungen mit unserer nachfolgenden Generation umzugehen hat, wenn die Rechtfertigung für leitende Werte nicht mehr in der Tradition begründet liegt? Die Kritik Langbehns an seiner Zeit hat eine Sehnsucht nach einer Erneuerung der Erziehung heraufbeschworen, die seit Beginn der Moderne ein Grundproblem der Pädagogik zu sein scheint: „Was will denn eigentlich die ältere Generation mit der jüngeren? Wie wird die Tätigkeit dem Zweck, das Resultat der Tätigkeit entsprechen?" Die Frage Schleiermachers wird in Krisenzeiten virulent und notwendig. Oder anders gewendet: Immer dann, wenn eine kritische Zeitdiagnose eine gesellschaftliche Krise prognostiziert, wird das „Ende" der alten Erziehung ausgerufen und das Heil in einer neuen Erziehung gesucht, die den „neuen", besseren Menschen herstellt, der die Menschheit aus der Krise führt. An eine solche Erziehung wird ein Universalanspruch gestellt.
Daher scheint die Frage Schleiermachers von ungeheurer Bedeutung für die Pädagogik: Mit welcher Perspektive blickt die ältere Generation auf den Erziehungs- und Bildungsvorgang der neuen Generation? Will sie, wie die mittelalterliche Malerei es vormacht, einen Fluchtpunkt setzen, um den herum sie eine erfolgversprechende Erziehung und Bildung konstruiert? Oder will sie um des einzelnen Zöglings willen ihm zu seiner eigenen Mündigkeit und Urteilskraft verhelfen, von der aus er die Pluralitäten der Lebensverläufe der Moderne erkennen und kritisch beurteilen kann? Freilich ist dann das Ende der traditionellen Erziehung gekommen, wie Hermann Giesecke sachlich in seinem provokanten Buch[8] „Das Ende der Erziehung" feststellt. Er geht jedoch über diese bloße Feststellung hinaus und macht einen konstruktiven Vorschlag, indem er eine Neubesinnung des Begriffes Erziehung fordert, der den verän-

derten Bedingungen gewachsen ist. Er fordert also nicht die Abschaffung der Erziehung, sondern eine angemessene Antwort auf die Veränderungen der Moderne. Seit einiger Zeit wird die pädagogische Diskussion im übrigen durch eine (science-)fiktional anmutende Komponente ergänzt: Kraft der *Imagination* wollen u.a. Kamper und Wulf – von einem „zweiten Futur" aus – sich jene Bedingungen bzw. planetarischen Perspektiven *vorstellen*, die – ich zitiere – der „inneren Vielheit des Menschen und seinen äußeren Welten"[9] gewachsen sind.

In der Tat erscheint die heutige Krise intensiver und hartnäckiger und daher schwieriger als ihre Vorgänger. Die Moderne ist veränderungsfreudiger und informationsträchtiger. Der Pluralismus der demokratischen Gesellschaftsordnung sorgt dafür, daß die nachkommende Generation von Kindheit an mit den unterschiedlichsten Wertesystemen konfrontiert ist. Angesichts eines solchen Wertechaos stehen die Heranwachsenden vor der schwierigen Aufgabe, das Angemessene für sich zu wählen. Es gibt keine klare eindeutige Wertorientierung mehr, wie sie in einer ständischen Gesellschaft das Bild zeichnete, und es gibt – zumindest bislang – keine Obrigkeit mehr, die ihre Untertanen produziert. International redet man wieder der deutschen Bildungskatastrophe das Wort. Zeitungsberichten zufolge gibt es sogar heftige Schelte aus dem Ausland an dem ehemals so hochgelobten und verehrungswürdigen „deutschen Schulmeister". Man spricht von einem antiquierten Bildungssystem, von in ihrer Ausbildung zu alt gewordenen Studenten, die sich dem reißenden Strom technologischer Veränderungen auf dem Arbeitsmarkt nicht anpassen können, oder an denen jede Bedarfsanalyse spurlos vorübergegangen ist, haben sie doch in ihrem langjährigen Studium zunächst einmal und einzig gelernt, ihre eigenen Bedürfnisse zu stillen. Es wird ihnen mangelnde Innovations- und Risikobereitschaft ebenso wie Rückzug in die Privatheit vorgeworfen. In den Medien wird die Angst vor der Zukunft unterstrichen durch die Analyse der wirtschaftlichen Krise, für deren Lösung Romantiker den Traum von einer lenkbaren Ökonomie träumen. Ein prognostizierbarer und berechenbarer Wirtschaftsprozeß gäbe – so die Expertenmeinung – sicherlich mehr Hoffnung auf die Zukunft: auf Arbeitsplätze, Renten bzw. Altersversorgung allgemein und auf einen definierten sozialen Status in dieser Gesellschaft. Je-

doch ist der Wandlungsprozeß nicht aufzuhalten. Für spezifische gesellschaftliche Gruppen bedeutet die Wirtschaftskrise nicht nur Orientierungslosigkeit, sondern auch Verlust des gesellschaftlichen Standortes und soziale und finanzielle Verarmung, von der 1993[10] ca. 10 % der nachwachsenden Generation betroffen waren.
Lehrer, Sozialpädagogen und Eltern alarmieren durch Schilderungen von Gewalt bereits in der Grundschule, von Ecstasy im Gymnasium und von Aussteigern nach der Reifeprüfung. Zeitungen berichten von Kindern und Jugendlichen, die Häuser und Wohnungen von ausländischen Mitbürgern anstecken. Die Aggressiven unter ihnen lassen sich anziehen von rechtsradikaler Propaganda, die Schutzbedürftigen flüchten sich in Sekten und die emotional Vernachlässigten vermuten ihr verlorenes Glück in Drogen.
Die immer noch mühsame und für die Betroffenen schmerzliche Aufdeckung von Kindesmißhandlung und sexuellem Mißbrauch verweist auf die zunehmende Respektlosigkeit der Erwachsenen gegenüber ihren Kindern. Die Pädagogik hat hier in den letzten Jahren Erstaunliches sowohl in der Theorie als auch im praktischen Tun geleistet. Erst kürzlich erschien ein Handbuch zum aktuellen Kinder- und Jugendschutz, herausgegeben von Wilhelm Brinkmann und Antje Krüger[11], das sich kompetent mit den Problemen von Sucht, Medien, Gewalt und Sekten auseinandersetzt, die Ursachen versucht aufzudecken und den Betroffenen feinsinnige Unterstützung bieten will.

Die berechtigten Erwartungen der Jungen an die ältere Generation, ihrer Perspektivenlosigkeit etwas entgegenzuhalten, wird zum großen Teil nicht erfüllt. Den sonst so wortgewaltigen und schlagkräftigen Eltern sind die Patentrezepte schon lange ausgegangen. Sie sind mit ihrer eigenen Zukunft beschäftigt. Schlimmstenfalls beschimpfen sie ihre Nachkommen ob ihres Konsumverhaltens und der schnellebigen Glücksmaximierung, so als vergreifen sie sich an dieser Stelle an Pestalozzis Dreiteilung des menschlichen Seins und verkürzen das Dasein ihrer Kinder auf jene anthropologische Dimension, die Pestalozzi den tierischen Zustand nannte, und unterstellen ihnen die von Kant beschworene Bequemlichkeit im kindlichen Schlaraffenland, die zur lebenslangen Unmündigkeit führt. Die Jungen reagieren mit Vereinzelung, grenzenloser Langeweile und leiden an ihren zubetonierten Bewegungsräumen und am

Überangebot eines Jugendkonsummarktes. Die ihnen von Eltern und Erziehern eingebleute Einmaligkeit resp. Individualität wurde inzwischen durch die versteckten „Normalitätsentwürfe" der traditionellen Pädagogik weggeklont. Um sich ein wenig von den anderen zu unterscheiden, verwenden sie auf besondere Weise große Mühe mit der Pflege ihrer fast uniformiert wirkenden Gestalt, an der alles teuer, durch Markenartikel unterstrichen, von Tattoos überzeichnet ist. Fast könnte man vermuten, daß sie durch die androgyne Darstellung ihres Geschlechts ihre solitäre Lebensform herausstreichen wollen, durch die sie sich in keine von außen gegebene Ordnung pressen lassen wollen.

Aber, so könnte man fragen, handelt es sich bei den vielfältigen Krisensymptomen um wirklich neue Probleme und Aufgabenstellungen oder nicht vielmehr um die Reflexe alter oder doch zumindest älterer Problemkonstellationen, die sich zwar augenblicklich zu verschärfen scheinen, ohne doch gänzlich neuartig oder völlig überraschend zu sein? In diesem Zusammenhang ist es fast trivial, daran zu erinnern, daß die Entstehung und Ausgestaltung der Theorie und Praxis der modernen Pädagogik auf dem Hintergrund jener tiefgreifenden und umfassenden strukturellen Verwerfungen gesehen werden muß, die die Herausbildung der bürgerlichen Gesellschaft hervorrufen, die sie bedingen und bis heute begleiten, und die wir uns angewöhnt haben, vielleicht etwas allzu summarisch als „Moderne" zu bezeichnen.
Im Verlaufe dieser historisch weit gespannten und außerordentlich vielschichtigen Wandlungen verändern sich auch die pädagogischen Ansprüche, werden die Ideen und Institutionen, Verhaltensmuster und -erwartungen, Praktiken und Normen der Erziehung unter einer gewandelten Perspektive in den Blick genommen und neuen Kriterien unterworfen. Die neuen pädagogischen Leitbegriffe *Entwicklung* und *Bildsamkeit* im Hinblick auf die „Natur" des Individuums, *Selbsttätigkeit*, *Selbständigkeit* und *Reflexivität* im Hinblick auf das sogenannte „Selbst" des Bürgers, verweisen unschwer erkennbar auf den sozialhistorischen Hintergrund ihrer Entstehung. Die posttraditionale Gesellschaft bedingt und erfordert gewissermaßen einen neuartigen „Sozialisationstypus", sie erfordert und fordert zugleich „den mündigen Menschen", der es – in der bekannten Formulierung Kants – in theoretischer und moralischer

Hinsicht nicht nur versteht, sondern auch den Mut dazu aufbringt, „sich seines Verstandes ohne Leitung eines anderen zu bedienen."

Auch wenn die moderne Pädagogik im Kontext der Auflösung zunächst geburtsständischer, dann berufsständischer Gesellschaftsformationen entstanden ist, so ist sie doch nicht bloß ein unmittelbares Resultat der gesellschaftlichen Wandlungen. Ihre theoretischen, praktischen und empirischen Grundlagen verdankt sie vielmehr der Tatsache, daß sie ihre Konzepte und Erfahrungen aus der kritischen Auseinandersetzung mit dem Modernisierungsgeschehen und seinen in vielerlei Hinsicht problematischen Begleiterscheinungen entwickelt hat. Mit Dietrich Benner, der diese These von der Entstehung der neuzeitlichen Pädagogik aus der reflexiven Auseinandersetzung mit modernen Krisenerfahrungen detailliert entfaltet hat, läßt sich sagen, daß die moderne Pädagogik erst aus dem Zusammentreffen von Modernisierungskonzepten, Krisenerfahrungen, Modernitätskritik und theoretischer Selbstreflexion ihre Themen und ihr Profil gewinnt, daß sie somit „sowohl ein Resultat der Moderne als auch ein Ergebnis der Selbstkritik der Moderne darstellt."[12]

Mit der Auflösung der identitätsbildenden Traditionen wird schließlich auch das „neuzeitliche Basalproblem aller Pädagogik"[13] erstmals zugleich sichtbar und bewußt: Die alte Koinzidenz von Erziehung und Sozialisation löst sich auf, der praktische Zirkel, in dem Erziehung und Gesellschaft lange Zeit normativ und im Konsens miteinander lebten, zerbricht. Das heißt: Während sich die ältere Generation jahrhundertelang damit begnügen konnte, die jüngere Generation in einen festen Bestand tradierter „Werte" und Konventionen einzugewöhnen und einzuüben, so erscheint unter den geänderten Voraussetzungen genau dieses nun fragwürdig und höchst problematisch.

So begründet bereits Rousseau, dieser scharfsichtige Analytiker der modernen Gesellschaft, die Notwendigkeit einer völligen Neuorientierung der Erziehung mit den sich wandelnden sozial-historischen Bedingungen: „In der (im Sinne von *derjenigen*, W. H.-P.) gesellschaftlichen Ordnung, in der alle Plätze bezeichnet sind, muß jeder für den seinigen erzogen werden. Wenn jemand, der für einen bestimmten Platz ausgebildet ist, diesen verläßt, so ist er zu nichts mehr weiter zu gebrauchen. Die Erziehung ist nur insoweit nützlich, als das Schicksal mit der Berufswahl der Eltern übereinstimmt. In einem jedem anderen Falle ist sie dem Zögling schädlich, sei es auch nur durch die Vorurteile, die sie ihm beigebracht hat. In Ägypten, wo der Sohn verpflichtet war, seines Vaters Beruf zu ergreifen, hatte die Erziehung wenigstens ein festes Ziel; bei uns aber, wo nur die Ränge bleiben und die Menschen ohne Unterlaß ihren Stand verändern, weiß niemand, ob er nicht, wenn er seinen Sohn zu seinem Stande erzieht, wider ihn arbeitet."[14] Wie man sieht, wußte Rousseau schon sehr genau darum, daß die vormalige Einheit von Leben und Lernen, von gesellschaftlicher Bestimmung der Eltern und künftiger Bestimmung des Kindes verlorengehen würde oder sogar schon unwiederbringlich verloren war. In der Tat unterscheidet sich die moderne Gesellschaft, die Rousseau am Vorabend eines „Jahrhunderts der Revolutionen" heraufziehen sieht, in pädagogischer Hinsicht vor allem dadurch, daß in ihr die künftige Bestimmung der Heranwachsenden nicht nur diesen selbst, sondern auch ihren erwachsenen Bezugspersonen, Eltern, Erziehern, Lehrern unbekannt ist. „Würden Menschen an den Boden eines Landes angeheftet geboren, dauerte die gleiche Jahreszeit das ganze Jahr hindurch, hinge jeder an seinem Schicksal, so, daß er es niemals verändern könnte, so würde die eingeführte Gewohnheit in gewisser Hinsicht gut sein. Das zu seinem Stand erzogene Kind könnte, wenn es niemals aus demselben herausginge, den Unbequemlichkeiten eines anderen nicht ausgesetzt sein. Wenn man aber die Veränderlichkeit der menschlichen Verhältnisse ansieht, welcher bei jedem neuem Geschlecht alles um und um stürzt, kann man sich da eine unvernünftigere Art und Weise vorstellen, als daß man ein Kind so erzieht, als ob es niemals aus seinem Zimmer kommen sollte, als ob es stets von seinen Leuten umgeben sein müßte? Wenn der Unglückliche einen einzigen Schritt auf die Erde tut ... ist er verloren."[15]

Das Wissen um die zukünftige Bestimmung des Kindes und die Aufgaben, denen es sich dereinst ausgesetzt sehen wird, mag in solchen Zeiten und insofern als gleichermaßen funktionale und legitime Grundlage für die normative Orientierung der pädagogischen Handlungen gedient haben, in denen die Dimensionen des Erwartbaren durch die Geschichte weitgehend abgesteckt und eingegrenzt waren. Unter modernen Bedingungen verstößt dies schlicht gegen das, was selbst in einem pragmatischen Sinne vorhersehbar oder auch nur zu erwarten ist. Rousseau sah die Lösung zur Überbrückung der aufgerissenen Kluft zwischen „Erfahrung" und „Erwartung" (Koselleck) bekanntlich nicht in der Bekräftigung der vormaligen Sozialmilieus und ihrer traditionalen Formen der Vergesellschaftung, sondern in einer Ausrichtung der Erziehung, die sich an seiner universellen Bestimmung als „Mensch" ausrichtet und nicht auf seine partikulare Rolle als „Bürger": „Leben ist der Beruf, den ich ihn lehren will", heißt es im Emile, dessen Aussage Herwig Blankertz[16] zu Recht als das „Paradigma der modernen europäischen Pädagogik" bezeichnet hat. „Wenn er aus meinen Händen kommt, so wird er, ich gestehe es, weder eine Gerichtsperson noch ein Soldat oder ein Priester sein. Er wird zuerst ein Mensch sein; alles was ein Mensch sein muß, das wird er im Notfalle ebenso gut sein wie jeder andere; das Schicksal kann ihn ruhig seinen Platz verändern lassen, er wird stets an seinem sein."[17]

Rousseaus Konzept einer Erziehung des Menschen ist immer wieder als ein Konzept zur Erziehung des neuen Menschen verstanden worden. Demnach habe Rousseau die dem Menschen mögliche Vollkommenheit an eine Rückkehr in einen Naturzustand zurückgebunden, den Rousseau nach Maßgabe einer fiktiven „Natur" des Menschen entworfen habe und der im Hinblick auf seine Erziehung eine normative Funktion zukommt. So gesehen, würde es sich bei Rousseaus Konzept einer post-traditionalen Erziehung in der Tat lediglich um eine verbrämte Rückkehr zu jenen metaphysischen Ordnungsvorstellungen handeln, deren Bestand und deren soziale Bindungskraft in und durch die Moderne gerade in Frage gestellt und nach und nach zersetzt wurde. Genau dies ist aber bei Rousseau nicht der Fall, vielmehr geht es Rousseau bei Emile um die Ausbildung und Entfaltung eines „Programms theoretischer und moralischer Urteilskraft"[18], in dem er gerade nicht beim Heranwachsenden bestimmte Weltbilder, Gewohnheiten und Werthaltungen erzeugen, sondern ihn in der Entwicklung einer kritischen Urteilskraft und Handlungskompetenz unterstützen will.

Der Grund dieser Neubestimmung der Erziehung als Ausbildung der Urteilskraft scheint mir denn auch bei Rousseau nirgendwo sonst zu liegen als in dem „seit den Religionskriegen des 16. und 17. Jahrhunderts auch politisch und gesellschaftlich manifest gewordenen Untergang der alten Ordnungssysteme. Demnach kann die Bestimmung des Menschen nicht mehr im Rahmen traditioneller Muster vorgenommen und festgeschrieben werden, sondern sie muß vom Menschen selbsttätig hervorgebracht werden, ohne eine dieser hervorgebrachten Bestimmungen verabsolutieren oder zur absoluten Bestimmung hypostasieren zu dürfen"[19]. Um noch einmal Dietrich Benner zu zitieren, der mit Blick auf Rousseaus Anthropologie und Erziehungstheorie schreibt: „Die bildsame Fähigkeit des Menschen, Fähigkeiten hervorzubringen, geht in keiner der hervorgebrachten Fähigkeiten auf, sondern stellt eine uneinholbare und insofern prinzipielle Voraussetzung dar, unter der allein Bildung und Aufklärung möglich sind."[20] Rousseau sagt dazu: „Emile ist ein Wilder, den man in die Wüste schicken kann; er ist aber ein Wilder, der in der Stadt leben soll. Hier muß er seinen Lebensunterhalt finden, mit ihren Einwohnern nutzbringend verkehrend und, wenn nicht wie sie, so doch mit ihnen leben. – Da er mitten so vieler neuer Verhältnisse, von denen er, ob er will oder nicht will, abhängen wird, Urteile fällen muß, lehren wir ihn also richtig zu urteilen."[21]

Eine *traditionelle*, positiv gewöhnende Erziehung verlangt vom Heranwachsenden lediglich die Übernahme von Kenntnissen, Haltungen und Wertungen, ohne ihm die Freiheit des Selbstdenkens und -urteilens zuzumuten, abzuverlangen und zuzubilligen. Im Gegensatz dazu ist es Rousseaus Ziel der Erziehung, Emile nicht in einer bestimmten Moral zu unterweisen, sondern beispielsweise den Begriff des Eigentums reflektierend einzuführen, um ihn darin zu unterstützen, selbst vernünftig in Fragen des menschlichen Zusammenlebens urteilen zu lernen. So gesehen erhält auch eine der wohl bekanntesten Szenen des Emile, sie findet sich im dritten Buch, eine über ihre engere Stellung im Rahmen von Rousseaus Theorie eines lebensnahen Geographieunterrichts nicht nur metaphorische, sondern geradezu paradigmatische Bedeutung, insofern sie so etwas wie die Urszene moderner Erziehungsprobleme und Möglichkeiten ihrer Auflösung beschreibt: Emile und sein Erzieher – auch der *Erzieher!* – haben sich scheinbar hoffnungslos im Walde verirrt und sehen sich außerstande, die einzuschlagende Richtung für den

Nachhauseweg zu bestimmen: „Die Zeit vergeht, die Hitze kommt; uns hungert, wir treiben einander an, wir irren vergebens von einer Seite auf die andere, wir finden überall nur Wald, Steinbrüche, Ebenen, keine Anzeichen den rechten Weg zu erkennen. Wir sind recht erhitzt, recht erschöpft, recht hungrig und richten mit unserem Umherlaufen nichts aus, als daß wir uns noch mehr verirren. Wir setzten uns endlich, um uns auszuruhen und zu beratschlagen."[22]
Das Entscheidende an dieser Szene scheint mir nicht zu sein, daß der Erzieher den Rückweg bereits kennt, wie überhaupt jede Situation im Emile vom Erzieher sorgfältig geplant wurde, sondern, daß Emile in eine Lage gerät, die ihn zwar nicht ganz und gar, aber doch in gewisser Weise unvorbereitet trifft, und für die er dennoch aus eigener Kraft einen Ausweg finden muß, für dessen Auffinden er höchstens über gewisse elementare Urteile verfügt. Die Parallele zur sokratischen Mäeutik, die sich in dem Dialog in Anschluß an die Aufforderung des Erziehers – „Mein lieber Emile, wie wollen wir es machen, daß wir hier herauskommen" – entspinnt, sind dabei nicht zu übersehen.

Diese notgedrungen knappen und kursorischen Hinweise auf diese Rousseausche Szene ist im Kontext unserer Fragestellung vor allem deswegen aufschlußreich – und notwendig –, weil die Moderne ganz allgemein als ein Spannungs- und Problemfeld beschrieben werden kann, bei dessen wiederkehrenden Fragestellungen es sich immer von neuem, trotz aller inhaltlicher Unterschiede, vor allem um *Orientierungsprobleme* zu handeln scheint, oder, in den Worten Adalbert Rangs, um „wiederkehrende, aber zugleich sich damit sich verändernde Reorientierungsprobleme"[23]: „Die Moderne, so gesehen, ist ein durch neue Formen von Orientierungsunsicherheit charakterisierter Zustand. Oder wohl besser: ein dadurch charakterisierbarer Prozeß. Die drei Fragen von Kant – Was kann ich wissen? Was soll ich tun? Was darf ich hoffen? verweisen auf diese moderne Situation ebenso wie der beschwörende Ton bei Schiller und Beethoven. ‚Brüder, über'm Sternenzelt *muß* ein lieber Vater wohnen'."[24]
Dabei ist der signifikante und für die Pädagogik höchst folgenreiche Befund, daß die jeweils gefundenen oder bloß proklamierten Re- und Neuorientierungen sich bisher im nachhinein immer wieder als höchst instabil und fragil erwiesen haben – und dies wohl auch in

Zukunft tun werden. Die Moderne ist ein Spannungsfeld vor allem deshalb, weil ihre Problemlösungsversuche immer bloß vorläufigen Charakter haben und nur zeitweise gelingen. Noch einmal Rang: „Sie (die Moderne; W. H.-P.) ist eher ein mehrdeutiger, in sich selbst widersprüchlicher Prozeß; ein Weg ... der uns in Irritationen und Entfremdungen führt und der uns zugleich Ausschau halten läßt nach ‚Rückwegen' aus dieser Entfremdung, ein Prozeß mithin, der uns immer wieder neu aus dem Gleichgewicht bringt, als verläßlich unterstellte Identitäten verflüssigen oder gar zerbrechen läßt, zur Revision von vorangegangenen Orientierungen nötigt."[25] In und mit der Moderne wird die Orientierungslosigkeit, oder anders, positiver formuliert, ist die *Notwendigkeit* der Orientierung und Neuorientierung sozusagen auf Dauer gestellt. Rückwege aus der Entfremdung – um auf Günther Buck[26] zu verweisen – sind somit nur noch als Auswege aus der Moderne oder als Rückfall in vormoderne Muster denkbar.

Zwei typische „Fluchtbewegungen" wurden exemplarisch bei den eingangs erwähnten Autoren genannt und werden hier noch einmal zusammengefaßt:
Der Lösungsvorschlag der einen führt in die Einfachheit neuer Mythen und in die Illusion einer neuen Erziehung, die neue Werte vorgibt. Sie wollen – und wie der französische Philosoph Pascal Bruckner[27] in seiner hervorragenden Analyse der heutigen Gesellschaft ironisch bemerkt – die „Wiederverzauberung der Welt", um „permanente Ostern zu feiern". Andere sehen realistisch den Niedergang der großen Vision des 19. Jahrhunderts, durch Erziehung einen neuen Menschen machen zu können, und stellen provokativ das Ende der Erziehung fest, während andere, als wäre Cyberspace Wirklichkeit geworden, die Vielfalt der Welten *vorwegahnen*[28] wollen.

Der Naturwissenschaftler Lichtenberg stellt treffend fest, daß in der Moderne die Ordnung fehlt, die überdies zu allen Tugenden führen soll. Doch gleich im Anschluß an diesen Gedanken stellt er die für die Pädagogik entscheidende Frage: „Was aber führt zur Ordnung?" Braucht die Pädagogik tatsächlich eine neue Ordnung, oder muß sie sich nicht viel eher *Klarheit* über die veränderten Bedingungen

der nachfolgenden Generation verschaffen, auf die sie zu reagieren hat? Der Antwort Dietrich Benners ist kaum etwas hinzuzufügen: „Hinter Vorstellungen wie diesen steht bis heute die Einsicht, daß der die Moderne kennzeichnende Verlust der alten teleologischen und kosmologischen Ordnungsvorstellungen weder von einem durch Menschen zu konstruierenden neuen Gesamtsystem ausgeglichen, noch durch neuzeitliche Wissenschaft und staatliche Politik als neue Ordnungsinstanz kompensiert werden kann."[29]
Die Pädagogik muß also den Verlust von tradierten Verhaltensmustern als handlungsorientierende Vorgaben hinnehmen. Das Signum der Moderne ist nunmal die Auflösung der traditionellen Familienstrukturen, die Verflüchtigung dessen, was Schleiermacher als die bindende Funktion des einzelnen an seine Gesellschaft nannte: Kirche, geselliger Verkehr, Wissenschaft und bürgerliche Gesellschaft. Es fehlt die Entlastung durch soziokulturelle Institutionen, die das Verhalten des einzelnen orientieren, regulieren und stabilisieren und nach Gehlen angeblich einen notwendigen Ausgleich zu den anthropologischen Mängeln des Menschen darstellen.
Die Bedingungen heute sind freilich komplizierter als bei Rousseau: Es gibt keine Reste von metaphysischen Annahmen wie noch zu seiner Zeit, d. h. die Annahme einer unveränderlichen „Natur hinter den Dingen". Die moderne Naturwissenschaft hat uns gezeigt, daß weniger Ordnung die Dinge kennzeichnet als vielmehr Kontingenz und Zufälligkeit. Daher muß die Urteilskraft eines jeden sich ohne Netz und doppelten Boden ganz auf die jeweilige Situation konzentrieren und unter hoher Flexibilität rasche Unter- und Entscheidungen treffen. Die Pädagogik muß sich heute der Aufgabe stellen, daß die traditionelle Erziehung mit ihrem Ordnungsdenken der Bildung einer quasi „Metavernunft" im Zögling weichen muß. Der Heranwachsende darf sich weder als Opfer der Moderne noch als Leidender einer ausweglosen Situation empfinden. Vielmehr muß er zum einen die Vieldimensionalität des Lebens erkennen und beurteilen können, zum anderen muß er in seine eigene *Fähigkeit* zur pluralen Erkenntnis vertrauen. Dietrich Benner meint: „Sie fordert die pädagogische Praxis dazu auf, die Heranwachsenden weder im Geiste irgendwelcher Fortschrittsutopien noch zu rückwärtsgewandten Kulturkritikern zu erziehen, sondern in den Diskurs über die Modernisierung der Gesellschaft und die Kritik moderner Lebensformen so einzuführen, daß sie an der

Auseinandersetzung darüber, was tradiert und was verändert werden soll, aus eigener Urteilskraft mitwirken und teilnehmen können."[30]

Zusammenfassend kann man sagen:

1. Wie mir scheint, handelt es sich bei jenen überaus komplexen Problemkonstellationen, die in der aktuellen Diskussion unter den Schlagwörtern wie Orientierungskrise oder Werteverfall mehr schlecht als recht beschrieben werden, in der Tat um keine grundsätzlich neuen Fragen, sondern genau um jene, die Pädagogen wie Rousseau, aber auch Humboldt, Herbart und Schleiermacher zum Ausgangspunkt ihrer pädagogischen Reflexionen gemacht haben. Eine Scheindiskussion ist die aktuelle Debatte nicht zuletzt auch deshalb, weil sie diese Zusammenhänge – zumindest was die öffentliche Debatte betrifft – weithin ausblendet oder erst gar nicht zur Kenntnis nimmt.

2. Auch wenn Unterschiede zwischen den oben genannten Repräsentanten der modernen Pädagogik nicht zu übersehen sind, so lassen sich ihre pädagogischen Problembeschreibungen, die Ausgangsfragen und spezifischen Modellierungen ihrer pädagogischen Theorien und ihrer Praxisentwürfe auf die tiefgreifenden sozialen Wandlungen beziehen, die summarisch als „Moderne" bezeichnet werden können. Gleichgültig, ob der sich vollziehende soziale Wandel nun als ein Vorgang der „Entzauberung" (Max Weber) der Welt oder der zunehmenden „Beschleunigung" (Reinhart Koselleck) beschrieben wird, charakteristisch ist das Auseinandertreten von „Erfahrung" und „Erwartung" und eine damit verbundene Orientierungsproblematik. Eine Scheindiskussion ist die aktuelle Debatte auch darin, weil sie zumeist gar nicht in die Tiefendimension der Probleme vordringt, sondern sich mit oberflächlichen Symptombeschreibungen zufriedengibt.

3. Kennzeichend für die Orientierungsproblematik unter den Vorzeichen der Moderne ist, daß sie nicht unter Berufung auf absolute Positionen gelöst werden kann, seien diese nun metaphysisch begründet oder durch den Hinweis auf die angeblich ewige Geltung bestimmter Werte legitimiert. Insofern erinnert die aktuelle Werte-

diskussion in der Tat an die kulturkritischen Debatten der Jahrhundertwende im Stile Langbehns. Ihre Forderung, die immer mehr offenbar werdende Konkurrenz der „Weltanschauungen" durch die Wiedergewinnung einer imaginären Einheit zu überwinden, hatte, wie man weiß, fatale Folgen. So gesehen war auch der Nationalsozialismus so etwas wie der katastrophale Versuch eines „Rückweges" aus der als Überforderung, Entfremdung und Bedrohung empfundenen Moderne.

4. Pädagogische Probleme wie Orientierungsverlust oder Werteunsicherheit lassen sich deshalb auch nicht mit wohlmeinenden Aufforderungen nach mehr Mut in der Erziehung lösen. Angesichts einer Lage, die – ob Pädagogen das wollen oder nicht – durch „Unübersichtlichkeit" (Habermas) gekennzeichnet ist, muß jeder derartige Versuch an der Wirklichkeit zerbrechen und von vornherein als unglaubwürdig erscheinen.

5. Mein Vorschlag zur Lösung der pädagogischen Orientierungskrise – denn nicht mehr und nicht weniger wurde ja von mir in der Einladung zu diesem Vortrag verlangt –, besteht zunächst einmal darin, sich nicht mit vorschnellen Lösungen oder eilfertigen Lösungsangeboten zufriedenzugeben – solche „Lösungen" sind ein Teil des Problems! –, sondern nicht hinter das Niveau der Problembeschreibung und -analyse zurückzufallen, wie es in der Pädagogik seit Rousseau erreicht wurde.

6. Wie sagt doch der verirrte Erzieher zu seinem ob seiner Verirrung in Tränen aufgelösten Emile: „Es kommt hier nicht auf das Weinen an, sondern darauf, wie wir uns wieder zurechtfinden"[31], wohl wissend, daß es den Königsweg aus der Orientierungskrise nicht gibt. Es geht nicht um Panikmache, um das Verbreiten von Zukunftsoptimismus oder um vorschnelles Heilswissen, sondern es geht um das Recht der Probleme. Und hier wissen wir freilich noch viel zu wenig.

7. Der Trumpf der Allgemeinen Pädagogik über die Spezialpädagogiken ist es, prinzipiell über Erziehung und Bildung nachdenken zu dürfen, ohne ihre Resultate in Erziehungseinrichtungen rechtfertigen zu müssen. So wäre Herbart völlig mißverstanden, würde man

an der gängigen Interpretation festhalten, daß seine Ethik die Werte und die Psychologie die Mittel im Erziehungsgeschehen zu liefern habe. Im Gegenteil – und diesen Gedanken möchte ich abschließend anführen und als Aufgabe einer Allgemeinen Pädagogik angesichts der Orientierungslosigkeit unserer Zeit nennen: „Die (praktische) Philosophie urteilt gar nicht, sie macht *aber* urteilen", so Herbart. Moralische Urteilskraft kommt der praktischen Philosophie nicht zu. Sie kann allein die Urteilskraft des kindlichen Gewissens schärfen, aber von sich aus keine Urteile fällen. Ihr bleibt die Beratung der individuell oder gemeinsam Handelnden, auf daß die heranwachsende Generation zu sich selbst komme (Nohl).

8. Pädagogische Probleme, vor allem Schleiermacher hat uns das zu sehen und zu verstehen gelehrt, haben durchwegs eine dialektische und antagonistische Struktur. Insofern haben sie nicht nur teil an der Spannbreite menschlicher Handlungsmöglichkeiten, die seit und nach Aristoteles menschliche Praxis kennzeichnet, sondern insbesondere auch an den Widersprüchlichkeiten und Ambivalenzen der Moderne, aus der sie entsprungen und auf die sie reflexiv bezogen sind. Die Spannungen zwischen den Ansprüchen des einzelnen auf eine Entfaltung und Förderung seiner ureigensten Möglichkeiten und den Ansprüchen der Gemeinschaft – rousseauisch gesprochen zwischen „Mensch" und „Bürger", zwischen Emanzipation und Integration oder auch zwischen der Gegenwart und der Zukunft des Kindes – und, bezogen auf die pädagogischen Akte, zwischen Unterstützen oder Gegenwirken, sind wohl nur um den Preis radikaler Vereinseitigung oder entschiedener Problemverkürzung zu „lösen". Durch solche Vereinseitigung und Vereinfachung werden pädagogische Probleme aber eben *nicht gelöst*, sondern pädagogische Probleme und damit auch pädagogische Aufgaben *verfehlt.* „Erziehung" unter den vereinfachten Voraussetzungen, wie sie sich erkennbar hinter der bloßen Aufforderung zu mehr Mut zur Erziehung verbergen, ist vielleicht in der Tat nicht so schwer, „wie uns viele weismachen wollen".
Mit den „vielen" sind wohl die „Allgemeinen" Pädagogen gemeint. Ich fürchte nur – um einen Aphorismus des Österreichers Werner Schneyder zu zitieren –: es könnte schwer sein, das Ergebnis einer derart verstandenen „Erziehung" zu lieben.

Anmerkungen:

1 Langbehn, Rembrandt als Erzieher, 72.-76. Aufl. Leipzig 1922, S. 45.
2 Peter Struck, Erziehung von gestern, Schüler von heute, Schule von morgen. München/Wien 1997.
3 Peter Struck, ebda.
4 Peter Struck, ebda, S. 16.
5 Neil Postman, Das Verschwinden der Kindheit, 7. Aufl. Frankfurt 1982.
6 Neil Postman, Keine Götter mehr. Das Ende der Erziehung, Berlin 1995.
7 Neil Postman, ebda, S. 16.
8 Hermann Giesecke, Das Ende der Erziehung. Neue Chancen für Familie und Schule. 2. Aufl. Stuttgart 1996.
9 Dietmar Kamper und Christoph Wulf, Rückblick auf das Ende der Welt, Augsburg 1990, S. 8.
10 Deutscher Caritas-Verband (Hrsg.), Arme unter uns. Freiburg 1993.
11 Wilhelm Brinkmann und Antje Krüger (Hrsg.), Kinder- und Jugendschutz: Sucht-Medien-Gewalt-Sekten. Praxisratgeber für Schulleiter, Pädagogen und Eltern, Stadtbergen 1998.
12 Dietrich Benner, Erziehungswissenschaft zwischen Modernisierung und Modernisierungskrise, in: ders., Studien zur Theorie der Erziehungswissenschaft, Band 1, Weinheim und München 1994, S. 319-340; Zit. S. 320.
13 H.-E. Tenorth: Zäsuren der Moderne. Pädagogische Selbstbeschreibungen und Kriterien der Analyse, in: Dietrich Hoffmann, Alfred Langenwand, Christian Niemeyer (Hrsg.): Begründungsformen der Pädagogik in der „Moderne", Weinheim 1992, S. 13–33, Zit. S. 25.
14 Jean-Jacques Rousseau, Emile oder von der Erziehung, München 1979, S. 15f.
15 ebda, S. 17.
16 Vgl. Herwig Blankertz, Die Geschichte der Pädagogik, Wetzlar 1982, S. 69 ff.
17 Jean-Jacques Rousseau, Emile oder von der Erziehung, München 1979, S.16.
18 Dietrich Benner, Das Konzept der Perfectibilité bei Jean-Jacques Rousseau. Ein Versuch, Rousseaus Programm theoretischer und praktischer Urteilsbildung problemgeschichtlich und systematisch zu lesen, in: Otto Hansmann (Hg.): Seminar: Der pädagogische Rousseau, Band II: Kommentare, Interpretationen, Wirkungsgeschichte, Weinheim 1996, S. 12-48.
19 vgl. Dietrich Benner, Erziehungswissenschaft zwischen Modernisierung und Modernisierungskrise, in: ders.: Studien zur Theorie der Erziehungswissenschaft, Band 1, Weinheim und München 1994, S. 331.
20 ebda, S. 321.
21 Jean-Jacques Rousseau, Emile oder von der Erziehung, München 1979, S. 205.
22 ebda, S. 214.
23 Adalbert Rang, Themen der Moderne – Themen der Pädagogik?, in: Dietrich Hoffmann, Alfred Langenwand, Christian Niemeyer (Hrsg.): Begründungsformen der Pädagogik in der „Moderne", Weinheim 1992, S. 35-51; Zit. S. 36.
24 ebda, S. 37.
25 ebda, S. 37.
26 Günther Buck, Rückwege aus der Entfremdung. Studien zur Entwicklung der deutschen humanistischen Bildungstheorie. Paderborn 1984.

27 Pascal Bruckner, Ich leide, also bin ich. Die Krankheit der Moderne. 1. TB-Aufl. Berlin 1997.

28 Dietmar Kamper und Christoph Wulf, Rückblick auf das Ende der Welt, Augsburg 1990, S. 8.

29 Dietrich Benner, Erziehungswissenschaft zwischen Modernisierung und Modernisierungskrise, in: ders.: Studien zur Theorie der Erziehungswissenschaft, Band 1, Weinheim und München 1994, S. 330.

30 ebda.

31 Jean-Jacques Rousseau, Emile oder von der Erziehung, München 1979, S. 215.

Friedhelm Brüggen

Bildung als Orientierungsform

Bemerkungen zur Stellung der Bildung zwischen Ethik und Wissenschaft

Wenn man das Wort ‚Orientierungslosigkeit', von dem im Tagungstitel die Rede ist, auf seinen etymologischen Kern zurückführt, ergibt sich ein aufschlußreiches Bild: Als orientiert bezeichnet man seit der 2. Hälfte des 18. Jahrhunderts dasjenige, dessen Lage und Ort nach dem Aufgang der Sonne, also nach den Himmelsrichtungen, bestimmt sind. In einem schon etwas erweiterten Sinne bedeutet dann Orientierung dasjenige, was man braucht, um sich zurechtzufinden.[1] Als ‚orientierungslos' gilt dagegen derjenige, der seine Lage, seinen *Standort* nicht bestimmen kann. Er wird, in Unkenntnis dieses Standortes, die Ziele, die er verfolgt, selbst im Bewußtsein, daß es Wege gibt, diese Ziele zu verwirklichen, nicht realisieren können. Damit ergeben sich natürlich zugleich noch andere mögliche Formen von Orientierungslosigkeit: daß man zwar weiß, wo man steht, daß aber das *Ziel* des Handelns verschwunden bzw. fraglich geworden ist oder, daß jemand zwar Ziele hat, aber keine adäquaten *Wege* kennt, auf denen er jenes Ziel erreichen kann.

Ich lasse die Kombinatorik möglicher anderer Fälle von Desorientierung hier beiseite; ich benutze vielmehr dieses kleine Schema als Strukturierungshilfe meines Vortrages, so daß sich folgende Schritte ergeben:

- Zunächst versuche ich eine Lage- und Standortbestimmung über eine Sichtung diverser empirischer Befunde der neueren Jugendforschung. Dabei vertrete ich die These, daß es ein zu Dramatisierungen Anlaß gebendes Orientierungsvakuum in der Jugend der 90er Jahre nicht gibt, daß aber gleichwohl Orientierungsprobleme bzw. problematische Orientierungen nachweisbar sind.

- In einem zweiten Schritt historisiere ich diese empirischen Befunde, indem ich sie in Beziehung setze zum ethischen, pädagogischen und politischen Verständnis von Aufklärung und Idealismus. Die These, die ich dabei vertrete, ist die, daß das nicht aus dem Auge zu verlierende *Ziel* pädagogischen Handelns nur Bildung sein kann. Bildung, wie ich sie verstehe, ist auch heute noch diejenige Orientierungsform, in der die Aufklärung ihre Fortsetzung und Weiterführung findet.
- Abschließend thematisiere ich noch einen *Weg*, den alle modernen Gesellschaften gehen, um die nachfolgende Generation auf das Leben in der Gesellschaft vorzubereiten: nämlich Schule und Unterricht. Hier versuche ich zu zeigen, daß die Zunahme normativer oder moralischer Anforderungen an die Schule nur dann bearbeitet werden kann, wenn sie diese intern umarbeitet, und das heißt, wenn sie Aufgaben übernimmt, die sie als Einrichtung öffentlicher Bildung auch wirklich lösen kann.

I.

Daß sich in den Ländern der westlichen Welt ein Lebenseinstellungs- bzw. Wertewandel vollzieht, ist seit langem bekannt. Weit über die akademische Öffentlichkeit hinaus bekannt geworden sind die Untersuchungen des amerikanischen Sozialforschers Ronald Inglehart, der in den 70er Jahren auf der Basis umfassender empirischer Untersuchungen in der westlichen Welt einen epochalen Wertewandel von sogenannten ‚materialistischen', nämlich an Arbeit, Leistung und beruflichem Fortkommen orientierten Werten zu sogenannten ‚postmaterialistischen', d. h. individualistischen Selbstverwirklichungswerten, festgestellt hat.[2] Auch wenn die begriffliche Grundlage ‚materialistisch' vs. ‚postmaterialistisch', mit der zahlreiche neuere empirische Arbeiten operieren, äußerst fragwürdig ist, so kann im Blick auf die westliche Welt ein Wandel grundlegender Lebens- und Orientierungsmuster nicht geleugnet werden. Strittig ist freilich von Anfang an gewesen, wie man diesen Wandel interpretiert. Während auf der einen Seite – etwas vereinfachend formuliert – auf einen internen Wertewandel in den westlichen Gesellschaftssystemen abgestellt wird, insofern der in allen westlichen Gesellschaften festgestellte Individualisierungstrend das traditionelle protestantisch geprägte Arbeitsethos einerseits sowie Gemeinsinn und Verantwortungsbereitschaft andererseits aushöhlt und damit eine bestandsgefährdende Erosion der Grundlagen der westlichen Kultur einleitet, hat man in der Bundesrepublik Deutschland als Ursache für diesen Wandel insbesondere die kulturrevolutionären Impulse der 68er Generation zu erkennen geglaubt, die die traditionellen Pflicht- und Leistungswerte aufgelöst, ein schrankenloses Selbstverwirklichungsdenken an deren Stelle gestellt und damit insbesondere im Erziehungssystem verheerende Folgen ausgelöst haben.[3]

Daß Veränderungen im mentalen Orientierungsgefüge der Gesellschaft pädagogische Fragen und Rückfragen aufwerfen, kann allerdings niemanden verwundern, haben doch Erziehung und Bildung sozusagen von Haus aus nie nur mit Vermittlung von Fertigkeiten und Fähigkeiten, sondern immer zugleich auch mit der Vermittlung von im weitesten Sinne normativen Handlungsorientierungen zu tun. Und natürlich ist, wenn es um Fragen und Probleme einer richtigen und verantwortlichen Erziehung und Bildung geht, die erziehende Generation insgesamt angesprochen. Von da aus ist es im Grunde wünschenswert, wenn die Aufmerksamkeitsschwelle für solche Fragen in den letzten Jahren gesenkt bzw. das Interesse dafür erhöht worden ist. Die verschiedenen Reaktionsbildungen folgen, das wird niemanden verwundern, selektiven Wahrnehmungsmustern: Die Medien, mit ständigem Blick auf Auflagenziffern bzw. Einschaltquoten, präsentieren den angesprochenen sozialen Wandel gerne dramatisierend in der Form von Berichten über jugendliche Gewaltkriminalität; das politische, vor allem das bildungspolitische System und die jeweiligen Verbandsöffentlichkeiten reagieren z. T. mit programmatischen Vorschlägen und Appellen zur Werterziehung, auch die Diskussionen in verschiedenen Bundesländern der BRD zum sogenannten Ethik-Unterricht gehören (z. T.) in diesen Zusammenhang; das Wissenschaftssystem antwortet mit Forschung (z. B. zum Rechtsextremismus Jugendlicher, zur veränderten Kindheit), und die theoretischen Köpfe der Erziehungswissenschaft registrieren den Wandel entweder mit Gelassenheit oder mit sorgenvoller Nervosität. Als Beispiel für die letzte Gruppe sei der Erziehungswissenschaftler Wolfgang Brezinka genannt, der angesichts der „wertunsicheren Gesellschaft“, in der „Nihilismus, Individualismus und Sinnkrise" dominieren, für die Rückkehr zu Glaubensgewißheiten, jenseits von Wissenschaft und Aufklärung, optiert[4]; manche sprechen sogar vom „Erziehungsnotstand".[5]

Anders sieht dagegen das Bild der Jugendlichen aus, welches aus einschlägigen empirischen Untersuchungen der 90er Jahre hervorgeht. Die Shell-Studie „Jugend '92" stellt folgende Hierarchie der Werte der unter 13- bis 29jährigen fest[6]:

Hierarchien der Werte

„Äußerst wichtig für das eigene Leben"

	Westdeutsche		Ostdeutsche	
	Rang	Prozent	Rang	Prozent
Eine Welt in Frieden (frei von Krieg und Konflikt)	1.	77%	1.	84%
Wahre Freundschaft (enge unterstützende Freunde)	2.	68%	3.	73%
Freiheit (Freiheit des Handelns und des Denkens)	3.	66%	4.	62%
Familiäre Sicherheit (Sicherheit für die geliebten Personen)	4.	57%	2.	79%
Innere Harmonie (in Frieden mit mir selbst)	5.	55%	6.	49%
Ein abwechslungsreiches Leben (erfüllt mit Herausforderungen, Neuem, Veränderungen)	6.	39%	5.	50%

„Nicht wichtig für das eigene Leben"

Soziale Macht (Kontrolle über andere, Dominanz)	1.	37%	1.	52%
Loslösung (von weltlichen Belangen)	2.	29%	2.	45%
Autorität (ein Recht, zu führen und zu bestimmen)	3.	24%	3.	25%

Zusammenfassend heißt es in dieser Studie: „Hohe Zustimmung erhalten Werte eines universalen Gleichgewichts (Frieden und innere Harmonie), auf private Beziehungen zielende wie wahre Freundschaft oder familiäre Sicherheit, aber auch Stimulierendes (ein Leben erfüllt mit Neuem). Abgewertet wird dagegen die Machtdimension im zwischenmenschlichen Bereich."[7] Die im Jahre 1991 befragten Jugendlichen der Bundesrepublik Deutschland blicken insgesamt hoffnungsvoll in ihre Zukunft und zeichnen sich, so interpretiere ich die Ergebnisse dieser Studie, durch einen überwiegend demokratischen Habitus aus. Auch international vergleichende Studien machen unzweideutig klar, daß sich unter den Lebensbedingungen Westeuropas ein starkes Potential herausgebildet hat, welches individuelles Selbstverwirklichungsstreben auf der einen Seite mit einem hohen Maß an universalistischen Wertsetzungen auf der anderen Seite verbindet und zum weitaus überwiegenden Teil ein Leben ohne Gewalt und soziale Durchsetzungsmacht anstrebt. Die in der Öffentlichkeit immer wieder diskutierten Fälle von Gewalt bei Kindern und Jugendlichen sind zwar durchaus real, aber sie spiegeln ganz unzweideutig das Verhalten einer Minderheit wider.

Das im Kern zukunftsoptimistische Bild der Jugendlichen zu Beginn der 90er Jahre hat sich in der Shell-Studie '97 so nicht aufrechterhalten lassen. Die Autorinnen und Autoren dieser Studie stellen daher die Zusammenfassung ihrer zentralen Ergebnisse unter das Motto: „Die gesellschaftliche Krise hat die Jugend erreicht".[8] Mehr als die Hälfte der Jugendlichen sehen nämlich ihrer Zukunft „eher gemischt", ein Drittel sogar „eher düster" entgegen. „Ihre Chancen für das Erwachsenwerden sind schlechter geworden", resümiert die Studie die Selbstdeutung der Jugendlichen. Im Mittelpunkt dieser Studie stehen weniger ethische oder moralische Orientierungen, sondern insbesondere die Frage, ob die nachwachsende Generation über politisches Engagement verfügt oder etwa übertrieben egoistisch und unpolitisch denkt. Nach Meinung der Jugendforscher ist das Vorurteil der Politikverdrossenheit der Jugend nicht haltbar. Eher könne man von „der Jugendverdrossenheit der Politik" sprechen. Die Distanz Jugendlicher zu gesellschaftlichen Organisationen und Institutionen sei jedoch kein Anzeichen für mangelndes Engagement, „nur erscheinen ihnen die Strukturen und Akteure des politischen Systems und die Aktivitätsmöglichkeiten darin nicht geeignet, um ein für sie befriedigendes Engagement zu finden."[9] Soweit Orientierungen für wichtig erachtete Verhaltensweisen von Jugendlichen im Rahmen dieser Studie erhoben worden sind, ergibt sich folgendes Bild[9a]:

Wichtige Eigenschaften/ Verhaltensweisen von Menschen	Anteil der Befragten, die die höchsten Zustimmungswerte 6 und 7 gewählt haben, in %
eigene Fähigkeiten entfalten	68,8
das Leben genießen	65,4
unabhängig sein	62,0
durchsetzungsfähig sein	61,9
sich selbst verwirklichen	60,9
etwas leisten	56,3
pflichtbewußt sein	55,6
sich gegen Bevormundung stellen	54,5
anderen Menschen helfen	54,2
ein hohes Einkommen anstreben	52,1
Rücksicht auf andere nehmen	51,7
auf Sicherheit bedacht sein	46,7
kritisch sein	45,3
ein aufregendes, spannendes Leben führen	43,8
ehrgeizig sein	41,2
Verantwortung für andere übernehmen	36,1
tun und lassen, was man will	35,0
sich anpassen	22,8

Besonders instruktiv scheint mir in diesem Zusammenhang die Studie des Züricher Sozialpsychologen Gerhard Schmidtchen zu sein, der zwischen 1993 und 1995 5.500 Jugendliche im Alter von 15 und 30 Jahren u.a. in bezug auf ihre Lebensziele und ihre ethischen Grundsätze befragt hat. Hinsichtlich ihrer Lebensziele äußern sich die befragten Jugendlichen wie folgt[10]:

Lebensziele Jugendlicher im Osten und Westen

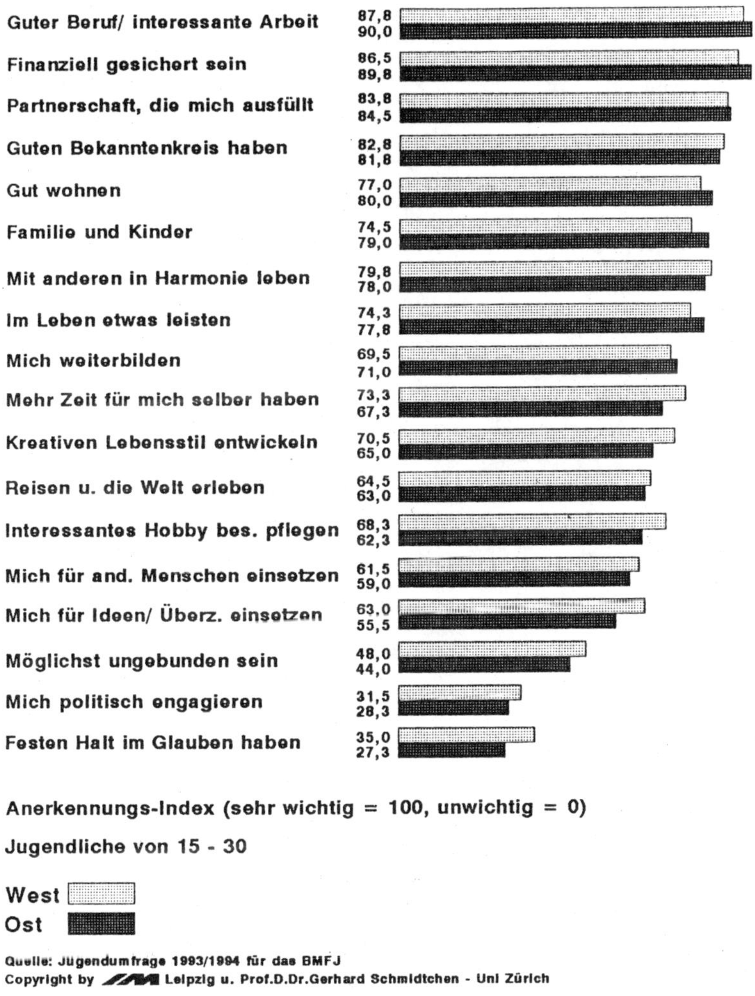

In bezug auf die von den Jugendlichen für wichtig gehaltenen ethischen Grundsätze ergibt sich folgendes Bild[11]:

Ethische Grundsätze in Ost und West

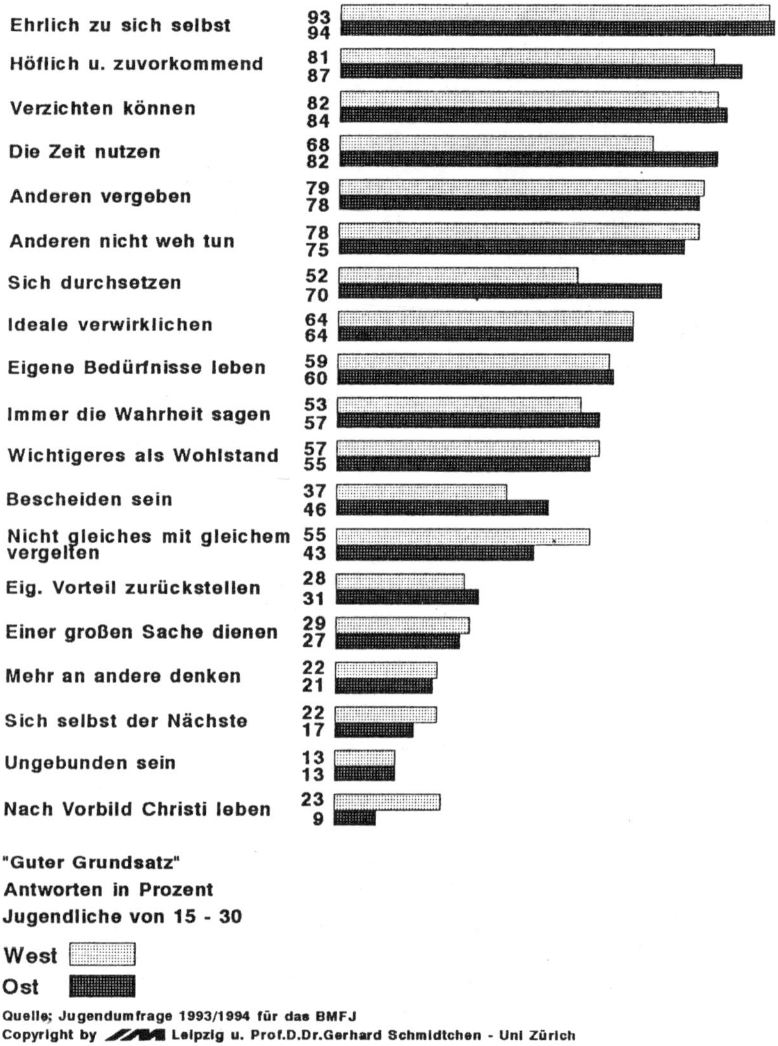

Schmidtchens instruktive Studie ist hervorragend geeignet, den Mythos, ja das Vorurteil über eine angeblich wertvergessene Jugend zu destruieren. Ein Orientierungsvakuum unter den Jugendlichen gibt es nicht. Was ihn, Schmidtchen, am meisten beeindruckt habe, sei „die Moralsehnsucht junger Menschen, die Lauterkeit des Strebens nach persönlicher Ehrlichkeit, der durchgängige Wunsch, in der Entwicklung der eigenen Persönlichkeit den Sinn des Lebens zu finden“.[12]

Ein für unseren Kontext ebenfalls interessantes Ergebnis zum Wandel von Einstellungsmustern stellen die Emnid-Untersuchungen zu den Veränderungen von Erziehungsorientierungen dar, die relativ regelmäßig zwischen 1951 und 1991 durchgeführt worden sind. Das Meinungsforschungsinstitut Emnid hatte in diesen Jahren die Bevölkerung (Eltern) befragt, nach welchen Leitbildern und Orientierungen die Erziehung von Kindern aussehen sollte. Die folgende Tabelle gibt in nicht zu überbietender Klarheit den Veränderungsprozeß von einer an Ordnung und Fleiß sowie Gehorsam und Unterordnung einerseits zu einer an der Entwicklung von Selbständigkeit und freiem Willen andererseits orientierten Erziehung wieder. Während 1951 erst ein Viertel der Bevölkerung für das Orientierungsmuster „Selbständigkeit und freier Wille“ optierte, taten dies 1991 bereits zwei Drittel der Bevölkerung[13]:

Wandel der Erziehungswerte 1951 – 1989
Zeitlicher Verlauf von elterlichen Erziehungswerten in der BRD

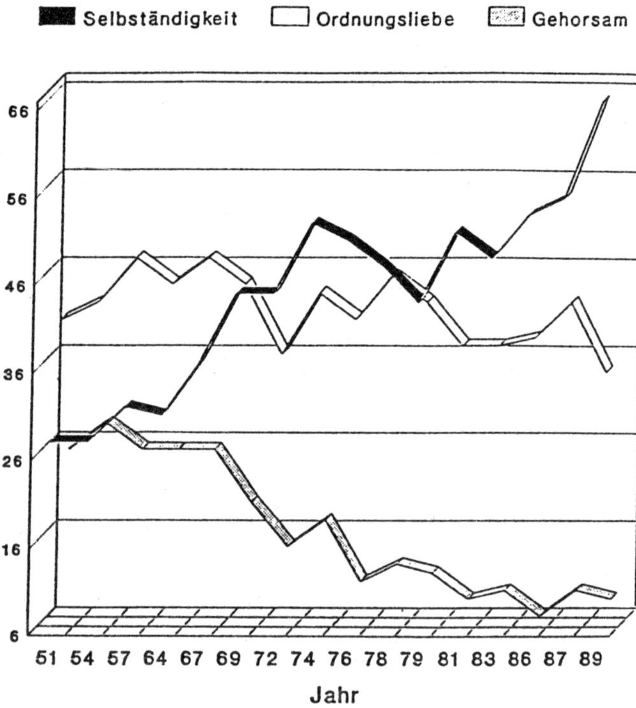

Quelle: EMNID, Items „Selbständigkeit/freier Wille", „Ordnungsliebe/Fleiß", „Gehorsam/Unterordnung"

Schmidtchens Untersuchungen präsentieren aber auch eine andere Seite jugendlicher Werthaltungen und Einstellungsmuster. Sie bestätigen zwar nicht das Medienbild des allzeit gewaltbereiten Jugendlichen, aber sie machen gleichwohl deutlich, daß die auch in anderen Untersuchungen festgestellte Steigerung der Gewaltbereitschaft nicht nur für eine kleine Randgruppe gilt. Summierend läßt sich feststellen, daß die Gewalt*bereitschaft* im Westen bei etwa 21 % der Jugendlichen und bei 33 % der Jugendlichen im Osten nachweisbar ist – ein zweifellos nicht unerheblicher Prozentsatz.[14]

Ich fasse zusammen: Die empirischen Untersuchungen der 90er Jahre liefern alles in allem ein eher positiv zu bewertendes Bild der Jugend. Auffassungen wie diejenige, daß wir uns einem Erziehungsnotstand näherten oder daß ein Wertezerfall auf breitester Front unter Jugendlichen spürbar sei, entbehren jeder empirischen Grundlage. Etwas vereinfacht kann man die Orientierungsrichtung wie folgt zum Ausdruck bringen: Ein unprinzipieller jugendlicher Hedonismus verbindet sich mit einem starken Bedürfnis nach reziproker Anerkennung auf der Grundlage einer Welt- und Selbstperspektive, die durch Frieden nach außen und Harmoniebestrebungen nach innen gekennzeichnet ist. Das entscheidende Kennzeichen dieses Wandels ist wohl in dem zu suchen, was Gerhard Schmidtchen den „Aufstand der Person" nennt.[15] Die Persönlichkeitsentwicklung geht, nicht erst seit heute, wohl aber in den letzten Jahren in beschleunigter Weise, in Richtung Autonomie. Dieser inzwischen vielfach festgestellte Prozeß der zunehmenden Autonomisierung von Lebensbestimmungen und Lebensläufen ist ebenso irreversibel wie der Pluralismus moderner Gesellschaften, der jene Autonomisierung ebenso hervorbringt, wie er von ihr abhängig ist. Damit in einer Gesellschaft, die durch hohe Transformationsraten gekennzeichnet ist, der einzelne sich selbst behaupten und stabilisieren kann, ist ein gewisser Rückzug in das eigene Ich gewissermaßen unvermeidlich. Für Schmidtchen liegt darin auch der Grund, warum für viele Jugendliche Identifikationen mit gesellschaftlichen Institutionen (Parteien, Kirchen etc.) immer schwerer werden. Die nachlassende Bindungsbereitschaft gründet, so Schmidtchens sozial- und jugendpsychologische Interpretation, im Selbstschutz der Person: Die Identifikation mit solchen Einrichtungen macht, und zwar je mehr die Identifikation gelingt umso stärker, zukünftige Lernprozesse, die ja Flexibilitäten einschließen, riskant. Offene Gesellschaften, die lebenslanges Lernen gewissermaßen als ihren Ausweis betrachten, erschweren solche Identifikationsprozesse, obwohl sie sie doch brauchen. Umgekehrt sind Bildungsprozesse nicht dadurch zu erreichen, daß sich die Personen ständig offen und lernbereit halten. Diese Schwierigkeit, in einer modernen Gesellschaft eine „vernünftige Identität" (Habermas) auszubilden, macht einfache ‚Lösungen' von vornherein unglaubwürdig. Und die Frage, gerade für Pädagogen, kann nicht die sein, wie man diesen Prozeß aufhalten oder rückgängig machen kann, sondern nur diejenige, wie man als Erzieher damit umgeht.

II.

Die Daten und Zahlen, über die uns die Jugendforschung der 90er Jahre informiert, sind weder zufällig, noch sind sie das Resultat einer überhistorischen Notwendigkeit. Sie sind vielmehr das Ergebnis der Fortsetzung und der Intensivierung des Programms der europäischen Aufklärung. Ich meine damit keinesfalls nur die ideelle Seite der Aufklärungsepoche, also die universalistischen Forderungen beispielsweise nach Freiheit, Gleichheit und Brüderlichkeit, die als Postulate oder Normen trotz der postmodernen Aufklärungskritik nach wie vor präsent sind und sich auch in der „Moralsehnsucht" der Jugendlichen leicht nachweisen lassen. Ich meine vor allem diejenige Seite der Aufklärung, die in den Grundpfeilern moderner Gesellschaften strukturell und organisatorisch verwirklicht ist. Das läßt sich leicht illustrieren an der pädagogischen Leitidee der Selbständigkeit, die, wie gezeigt, inzwischen zur normativen Selbstverständlichkeit erziehungspraktischer Alltagsorientierung geworden ist. Daß dem so ist, liegt nicht so sehr an der ideellen Kontinuität aufklärerischer Postulate, zu denen Selbständigkeit zweifelsohne gehört. In der erzieherischen Praxis des 19. und der ersten Hälfte des 20. Jahrhunderts war diese Norm durchaus nicht gegenwärtig. Daß sie sich in der Nachkriegszeit, insbesondere in den 60er Jahren allmählich durchgesetzt hat, hat mit den funktionalen Erfordernissen und Notwendigkeiten des modernen Berufslebens zu tun, so daß diese Selbständigkeit durch Erziehung, Bildung und Ausbildung hervorgebracht und unterstützt werden muß. Wer heute bei einem Bewerbungsgespräch zu erkennen gibt, daß er jede Anweisung seines Vorgesetzten ohne lange Rückfrage sofort und dienstbeflissen umsetzen werde, wird auf einem Arbeitsmarkt, der in zunehmenden Maße selbständige Entscheidungskompetenz nachfragt, kaum Erfolg haben können. Erzieher, insbesondere Eltern, spüren das, und so ist es kein Wunder, daß sie in ihren Erziehungsleitbildern von traditionellen Normen und Eigenschaften wie Anpassung, Unterordnung und Gehorsam auf Selbständigkeit und Eigeninitiative gewissermaßen umgeschaltet haben. Die offene und pluralistische Gesellschaft verlangt beständige Lernbereitschaft auf allen Ebenen individuellen und interindividuellen Handelns – eine Bereitschaft, die wegen der hohen Innovationsraten und Transformationsgeschwindigkeiten moderner Gesellschaften durch eine traditionsgeleitete Erziehung nicht mehr gewährleistet werden kann. Diese bekannten Entwicklungstrends lassen den bereits geschilderten „Aufstand der Person" in hohem Maße wahrscheinlich und damit gesellschaftlich plausibel werden. Diesem „Aufstand" gegenüber ist eine kulturkritische Negativdiagnose, die in pädagogischer und politischer Moralisierung mündet, unangebracht. Notwendig ist eine Stärkung der Person, eine Stärkung, die das Resultat von Bildung sein könnte.

Wer Bildung als immer noch maßgeblichen Orientierungsbegriff vorschlägt, setzt sich allerdings von vornherein dem Verdacht aus, etwas rehabilitieren zu wollen, dessen Verblassen sich nicht ignorieren lasse, dessen Fragwürdigkeit längst erwiesen sei. Und in der Tat erweisen sich die *idealistischen* Implikationen des traditionellen neuhumanistischen Bildungsbegriffs kaum als aktualisierungsfähig. Diese fragwürdigen Prämissen eines „höheren Standpunktes" (Humboldt) der Bildung dokumentieren sich in Einheits- und Totalitätsansprüchen, die heute nur noch von historischem Interesse sind. Diese idealistischen Prämissen beziehen sich vor allem auf die Einheit von Moral und Wissenschaft. Die Stärke des menschlichen Geistes beruht Humboldt zufolge darauf, daß jedwedes Wissen und jedwede Kenntnis „aus einem ursprünglichen Prinzip" abzuleiten sei. Dieser wissenschaftlich-philosophischen Tätigkeit korrespondiert eine moralische und gesellschaftliche Praxis, nämlich die gesellschaftlichen Verhältnisse „einem Ideal zuzubilden" (Humboldt). Auf der dritten Stufe wird dann schließlich das Prinzip und das Ideal „zu einer Idee verknüpft", nämlich so, daß das Wissen bzw. die wissenschaftliche Tätigkeit und sittliches, politisches und pädagogisches Handeln übereinstimmen.[16] Dieser zu Beginn des 19. Jahrhunderts durchaus ingeniöse Gedanke rechtfertigt den bekannten neuhumanistischen Grundansatz der Bildung durch Wissenschaft. Diese Grundüberzeugung des idealistischen Neuhumanismus hat zur Grundlage die Gleichsetzung von Wissenschaft mit Philosophie, ein Wissenschaftsverständnis, das nach der Ausdifferenzierung der Einzelwissenschaften natürlich keine realistische Programmatik mehr darstellt.

Die *idealistischen* Implikationen stellen aber nur die eine Seite des traditionellen Bildungsbegriffs dar. Die andere Seite erweist sich in einer überraschenden Weise anschlußfähig an den im ersten Teil geschilderten „Aufstand der Person". Natürlich hängt das damit zusammen, daß der Neuhumanismus im Grunde genommen nichts anderes als eine Reaktionsbildung auf die widersprüchliche Verfaßtheit der damaligen Gesellschaft und ihrer depersonalisierenden Verhältnisse ist. Die Desintegration von Person und Gesellschaft soll nicht durch eine neue Einheitssitte, nicht durch eine neue gesellschaftliche Totalität kompensiert werden, sondern durch ein Maximum an Pluralismus und Individualisierung. Zwei Beispiele mögen das illustrieren. Wilhelm von Humboldt notiert im Jahr 1792 staatskritisch und individualitätsaffirmativ zugleich[17]:

> „Die freieste, sowenig als möglich schon auf die bürgerlichen Verhältnisse gerichtete Bildung des Menschen (müßte) überall vorangehen. Der so gebildete Mensch müßte dann in den Staat treten, und die Verfassung des Staates sich gleichsam an ihm prüfen."

Und der Philosoph, Theologe und Pädagoge Friedrich Schleiermacher sagt im Jahr 1826 vor seinen studentischen Zuhörern[18]:

> „Keine Eigentümlichkeit, keine Verschiedenheit, die sich in einem einzelnen oder in einer Gemeinschaft findet, ist an sich etwas, dem die Erziehung entgegenwirken müßte, wenn es nicht böse ist. Die Verschiedenheiten, Eigentümlichkeiten der Menschen, die außerhalb des Bösen sind, sollen auch sein. Die menschliche Natur ist vollständig, inwiefern diese Verschiedenheiten in ihr heraustreten."

Pluralismus und Individualisierung sind, zumindest von Humboldt und Schleiermacher aus gesehen, keine Irrläufer der gesellschaftlichen Entwicklung des 20. Jahrhunderts, sondern programmatische Fixpunkte von Aufklärung und Neuhumanismus.

Allerdings: Das Humboldt-Zitat ebenso wie der Kontext der Schleiermacher-Stelle machen unzweideutig klar, daß es nicht um eine Verwirklichung purer Subjektivität geht, also um reine Selbstverwirklichung, sondern um eine Selbstverwirklichung in der Form vernünftiger Allgemeinheit. Allgemeines und Individuelles sind für den Neuhumanismus durchaus konträre, aber nicht kontradiktorische Bestimmungsgrößen von Bildung, zu deren Merkmalen es zweifelsohne gehört, prüfen und unterscheiden zu können, ob eine individuelle Haltung, Lebensform, Orientierung allgemeinheitsgefährdend (– in Schleiermachers Worten: „böse“ –) ist oder nicht. Der Ort, an dem diese Prüfung geschieht und an dem sich die Prüfung entscheidet, ist aber nicht der Staat, nicht die Kirche oder irgendeine andere Institution, sondern das Subjekt, die Person. Der Weg dorthin ist der Weg der Bildung selbst: nämlich durch Aneignung und Anverwandlung von Kultur und Zivilisation, von – in Humboldts Worten – „Welt“ insgesamt. Dieser Weg der Bildung ist immer dann bedroht, wenn der Weg in die Welt (in die „Entfremdung“) keinen „Rückweg“ in das Subjekt mehr zuläßt, wenn das Subjekt in der Welt der „Gegenstände“ verschwindet. Das ist in der Gegenwart in vielfacher Weise der Fall, so daß in der Tat von einem Verblassen, wie ich eingangs sagte, gesprochen werden kann. Ich möchte dieses Verschwinden des Subjekts an zwei Beispielen kurz erläutern, nämlich am szientifischen Wissenschaftsverständnis und an der Wertphilosophie sowie der an sie anknüpfenden sogenannten Werterziehung.

Das erste Beispiel betrifft das szientifische Wissenschafts- und Rationalitätsverständnis. Der bekannteste Vertreter dieser Position ist bekanntlich Max Weber. Ihm zufolge ist es Aufgabe der Wissenschaft, Informationen über Kausalzusammenhänge von Tatsachen in intersubjektiv nachprüfbarer Weise zu sichern. Dieses Wissenschaftsverständnis läßt die bildende Bewegung, die Oszillation zwischen dem Ich des wissenschaftlich Tätigen einerseits und der Welt, die zur Welt objektiver bzw. objektivierter Gegenstände reduziert worden ist, nicht mehr zu. Die Subjekte des Forschungsprozesses sind im Prinzip austauschbar geworden – und genau aus diesem Grunde kann für Weber die neuhumanistische Formel von der Bildung durch Wissenschaft nicht mehr rehabilitiert werden. Deshalb unterscheidet Weber auch scharf zwischen Wissen und Glauben, zwischen Verstand und Moral – jener ist rational, diese letztlich nur irrational, also durch Glaubensakte und persönliche Überzeugungen zu rechtfertigen. Für normative Fragen bleibt allenfalls noch Klarheit übrig – zum Beispiel daß unterschiedliche Wertpräferenzen zu unterschiedlichen Mittelanwendungen mit unterschiedlichen Folgen führen. Der Soziologe Helmut Schelsky hat zu Beginn der 60er Jahre daraus gefolgert, die „Bildung der Person liege in der geistigen Überwindung der Wissenschaft“.[19] Aber diese Formulierung steht noch zu sehr in der Tradition Max Webers, wenngleich

Schelsky, anders als Weber, zu Recht betont, daß Bildung zwar nicht mehr im Medium der Wissenschaften selbst, sondern „erst im Durchgang durch die Wissenschaft" erlangt werden könne. Wie Zusammenhang und Differenz von Bildung und Wissenschaft in der Gegenwart gedacht werden können, darüber gehen die Meinungen auseinander.[20] Einigkeit scheint lediglich darin zu bestehen, daß ein nicht halbierter Begriff von Rationalität und damit von Wissenschaft ohne eine im weitesten Sinne ethische Rückverpflichtung, in deren Folge bildungstheoretische Fragen anschlußfähig wären, nicht möglich ist.[21]

Diese ethische Rückverpflichtung wird freilich dann unterlaufen, wenn sie auf werttheoretischer Basis und einer ihr komplementären Werterziehungsprogrammatik gesucht wird. Wertethik sowie Werterziehung einerseits und ein szientifisches Wissenschaftsverständnis andererseits sind im Grunde Geschwister, zwei Seiten ein und derselben Münze. So wie das szientifische Wissenschaftsverständnis das Subjekt zum Verschwinden bringt, so auch die Wertethik und die Werterziehung, selbst wenn genau das Gegenteil propagiert wird. Dies läßt sich erläutern an einem der Begründer werttheoretischen Philosophierens in der zweiten Hälfte des 19. Jahrhunderts, nämlich an Wilhelm Windelband. Für Windelband haben Werte weder subjektiven noch transsubjektiven Status, sondern einen absoluten. Sie gelten, und zwar notwendig. „Die Notwendigkeit", heißt es bei Windelband, „ist in keinem Falle irgendwoher abzuleiten, sie kann nur aufgewiesen werden; sie wird nicht erzeugt, sondern nur zum Bewußtsein gebracht."[22] Ein Gutteil der pädagogischen und politischen Diskussion zur sogenannten Werterziehung verläuft nach dem von Windelband vorgeschlagenen Muster: Werte gelten fraglos, haben einen Status metaphysischer Entität und müssen aus diesem Grunde befolgt werden. Erst in der Bestätigung ihrer unmittelbaren Evidenz wird, so Windelband, die „Pathologie des menschlichen Denkens" überwunden; erst so wird der Mensch wirklich wert-voll! Und wenn diese Befolgung mangels Reife oder Alter noch nicht erwartet werden kann, muß zum wertorientierten Verhalten erzogen werden. Daß damit das Grundgesetz der Moralität, das in der freien Anerkennung von Werten und in der freien Beurteilung von Werten besteht, auf den Kopf gestellt wird, sehen eher die Kritiker der Werterziehung als deren Protagonisten. Daß offenkundig das frei wertende und frei urteilende Subjekt, obwohl es doch intendiert ist, in Begriff und Konzeption der Werterziehung verschwindet, ist schon sehr früh gesehen worden, gewissermaßen vor Entstehung der Wertphilosophie selbst. So unterscheidet Immanuel Kant zwischen Wert und Würde. Im Reich der Zwecke, schreibt Kant, „hat alles entweder einen Preis oder eine Würde. Was einen Preis hat, an dessen Stelle kann auch etwas anderes als Äquivalent gesetzt werden; was dagegen über allen Preis erhaben ist, mithin kein Äquivalent verstattet, das hat eine Würde." Moralisches Handeln erfolgt „aus der Idee der Würde eines vernünftigen Wesens, das keinem Gesetze gehorcht als dem, das es zugleich selbst gibt".[23]

Freilich: so unwiderlegbar diese Kantischen Bestimmungen nach meiner Auffassung auch sind, sie taugen zur Kritik der Werterziehung und gewiß zur Grundlegung eines Begriffs *moralischer* Bildung. Aber Bildung und moralische Bildung sind nicht identisch. Das hängt mit einer eigentümlich asymmetrischen Konstellation von Moral und Bildung zusammen, die bereits der alltägliche Sprachgebrauch kennt: Ein Mensch, der sich moralisch oder sittlich verhält, muß nicht zwangsläufig ‚gebildet' sein, aber umgekehrt würde es uns – vermutlich – schwerfallen, von einem ‚gebildeten Menschen' zu sprechen, dem moralische Maßstäbe gänzlich fremd sind. Um zu erläutern, warum das so ist, muß ich etwas ausholen und den neuhumanistischen Bildungsbegriff als Orientierungsform interpretieren.
Man hat sich im 19. und 20. Jahrhundert daran gewöhnt, für die ‚Welt', die der Mensch Humboldt zufolge zum Zweck seiner Bildung nötig hat, das Wort ‚Kultur' zu setzen. Und von dort aus ist auch wiederum zu Recht gesagt worden, daß Bildung nichts anderes als Kultur sei nach der Weise ihrer subjektiven Zueignung.[24] ‚Kultur', recht verstanden, stellt auch keinen Gegensatz zur Natur dar, denn auch die Natur begegnet uns stets kulturell – also nicht in kategorial invarianten, sondern eben in kulturell geprägten Formen. Dies meint die berühmte Formel Ernst Cassirers: „Die Kritik der Vernunft wird damit zur Kritik der Kultur". Die kulturelle Bestimmtheit von Natur betrifft nun auch die Kultur selbst, so daß ein Reflexivwerden von Kultur und Natur in der Neuzeit zu beobachten ist. Für den Begriff von Kultur heißt das: Auch die Kultur be-

gegnet uns, etwa seit dem 18. Jahrhundert, nur kulturell, das heißt als kontingente, nicht naturnotwendige Perspektive von Welt. Diese Entdeckung der Kultur im Singular ist, wie gesagt, eine Entdeckung des 18. Jahrhunderts. Man kann diesen Sachverhalt, der konstitutiv für den neuhumanistischen Bildungsbegriff ist, in Anlehnung an die zeitgenössische Systemtheorie durch die Unterscheidung der Beobachtungsebene erster und zweiter Ordnung plausibel machen.[25] Auf der ersten Ebene, also der Ebene erster Ordnung, begegnen uns die Praktiken des Menschen, seine Normen und Werte, Sitten und Umgangsformen, Handwerk, Kunst und Wissenschaften. Auf der zweiten Ebene werden diese kulturellen Objektivationen erster Ordnung in ihrer Kontingenz, also in ihrer Nichtnotwendigkeit, verglichen und reflektiert. Der moderne Begriff von Kultur bezeichnet demnach keine bestimmte Kultur, auch nicht bestimmte Praktiken, Institutionen und Organisationen, die vorliegen müssen, um von der Kultur sprechen zu können, sondern lediglich ein Verfahren, durch das diese Praktiken auf der ersten Ordnung verglichen, relativiert und reflektiert werden.

Was hat das mit Bildung zu tun? Bildung ist – auf eine Kurzform gebracht – Beobachtung (also Wissen!) von Kultur zweiter Ordnung plus Selbstanwendung. Während man auf der ersten Beobachtungsebene beispielsweise einen Stil, eine Manier, eine Sitte, eine Wertsetzung als Ingredienz von Kultur durch die Angehörigen dieser Kultur ansetzen kann, werden auf der zweiten Ebene diese kulturellen Selbstdefinitionen in eine reflektierte Beziehung gesetzt. Die Selbstanwendung besteht nun darin, daß der Beobachtende im Blick auf seine eigene Kultur sich als urteilendes und handelndes Subjekt ins Spiel bringt. Ganz in diesem Sinne hat übrigens Humboldt das Verhältnis von Sprache und Bildung verstanden wissen wollen. Das Verständnis fremder Sprachen führt zur Kenntnisnahme von Weltdeutungen, die sich in der Sprache manifestieren und die sich von der muttersprachlich vermittelten Weltdeutung unterscheiden. Diese Differenzerfahrung soll dann im Subjekt ein bewußteres, reflektiertes Verhältnis zur eigenen Kultur hervorrufen, welches weder relativistisch kurzgeschlossen ist noch auf eine Welteinheitskultur abzielt. Das Wissen erweitert sich, ohne daß sich eine Regel oder eine Methode angeben läßt, aus der sich lebenspraktische Orientierungen ableiten lassen; zugleich wird deutlich, daß

Bildung nicht einfach gelehrt und gelernt werden kann, sondern selbst erworben werden muß (Mittelstraß). Bildung meint von daher eine Form der Orientierung in der Welt, sie meint nicht etwa bestimmte Kulturinhalte oder Kulturgüter. Vernünftige Orientierungen ergeben sich nicht quasi von selbst, sondern durch den Einsatz eines wissenden und prüfenden, abwägenden und reflektierenden, auch die Beratung mit anderen suchenden Subjekts!

Wo aber, so ließe sich fragen, bleibt hier die Moral, wo bleibt die normative Ebene? Zunächst einmal hat die Grundstruktur von Moralität in ihrer exponiertesten neuzeitlichen Form, nämlich der Kantischen, eine nur auf den ersten Blick überraschende strukturelle Affinität zum gerade erläuterten Bildungsbegriff. Der sich moralisch Prüfende findet auf der Beobachterebene erster Ordnung Maximen vor (Sitten, Lebensregeln, Werte, Normen etc.), die er auf der zweiten Ebene in ihrer Kontingenz, also in ihrem möglichen Anderssein, auch in ihrer möglichen sittlichen Fragwürdigkeit, durchschaut und zur Kenntnis nimmt. Auf der Ebene der Selbstanwendung prüft der Handelnde eine gewählte Maxime an einem Gesetz, dem kategorischen Imperativ, auf ihre mögliche moralische Tauglichkeit für das Handeln. Diese Prüfung – Kant wird nicht müde, das zu betonen – findet der Sache nach im Inneren eines jedes Menschen, sofern er sich sittlich zu motivieren sucht, statt. Eine Konvergenz von Bildung und Moral in dem Sinne, daß die Moralität des Handelnden mit seiner Bildung wachse, gibt es nicht – andernfalls wären ja die Gebildeten zugleich die moralischeren Menschen. Eine komparative Moral aber ist keine Moral, weil sie sich sonst an einem außermoralischen Maßstab messen müßte. Der Gebildete ist nicht moralischer als andere; es gibt keine Expertenethik, sondern nur Menschheitsethik. Umgekehrt erweist sich der Gebildete als Gebildeter auch nicht durch sein Expertentum, also weil er beispielsweise Geistes- oder Naturwissenschaftler ist. Auf die Frage, was ein gebildeter Naturwissenschaftler sei, antwortete vor einigen Jahren der Atomphysiker und Philosoph Carl Friedrich von Weizsäcker: Ein gebildeter Naturwissenschaftler ist ein gebildeter Mensch, der professionell Naturwissenschaften betreibt.

III.

Von Weizsäckers Hinweis bestätigt die These vom Veralten der Grundüberzeugung des Deutschen Idealismus, daß Wissenschaft bilde. Gleichzeitig liefert er uns auch eine Erklärung dafür, warum Schule im Grunde etwa seit der Zeit der Reformpädagogik zu Beginn dieses Jahrhunderts immer wieder zum Gegenstand einer ambitionierten Schul- und Lehrplankritik geworden ist, die das ‚Pädagogische', das ‚Erzieherische' und in den letzten Jahren in verstärktem Maße das Moralische gegenüber der Dominanz bloßer Wissensvermittlung betont und, was entscheidend ist, durch die Institution Schule auch für realisierbar hält. Schule, als Institution, soll als ‚moralische Anstalt' verstanden werden, in der nicht nur die bekannten Werte und Normen wie Menschlichkeit, Achtung vor dem anderen Menschen, Leistungsbereitschaft und soziale Verantwortung gelehrt und gelernt werden sollen; sie soll darüber hinaus eine ganze Flut normativer Erwartungen erfüllen helfen, die aus gesellschaftlichen Problemlagen herrühren, die nicht schulisch verursacht sind: So soll beispielsweise die Schule „zu Frieden und Umweltschutz, zu Kulturbegegnung und Solidarität mit notleidenden Völkern, zu sinnvoller Nutzung der Freizeit und kritischem Umgang mit den Medien, zur Bewältigung der technischen, verwissenschaftlichten Welt und positiver Einstellung zu Beruf und Arbeit, zu gesunder Lebensführung, Ernährung und Bewegung, Vermeidung von Genußgiften und Drogen, verantwortlicher Einstellung zur Sexualität, harmonischem Familienleben, verantwortlicher Elternschaft, zu sozialer Mitverantwortung und Bejahung der demokratischen Grundordnung, zu religiöser Grundhaltung, zu Toleranz und zu noch viel mehr erziehen."[26]

Natürlich sind solche Forderungen nicht nur quantitativ absurd; sie sind auch von ihrer qualitativen Anforderungs- und Erwartungsstruktur her kaum haltbar, weil nämlich die Schule eine Institution ist, die, anders als beispielsweise die Familie, keineswegs über Moral integriert ist, sondern, etwas provokant formuliert, ihre flächendeckende Durchsetzung im Laufe des 19. Jahrhunderts der Entmoralisierung von Erziehung und Bildung verdankt.[27] Ein flüchtiger Blick in die Konstitutionsphase der Schule als öffentlicher und allgemeinbildender Einrichtung zeigt das.[28] So sieht sich beispielsweise Friedrich Schleiermacher, in diesem Punkt wie die meisten seiner neuhumanistischen Kollegen ein gelehriger Schüler Immanuel Kants, zu der Feststellung genötigt, daß in Fragen der Gesinnung, in moralischen Fragen also, der Gedanke ihrer schulischen Lehrbarkeit im Unterschied zu Kenntnissen und Fertigkeiten unangebracht sei. Aus diesem Grunde müsse zwischen Unterricht und Erziehung auch unterschieden werden, beispielsweise mit der Folge, daß der Fleiß nicht mehr als unmittelbare Erscheinungsform der Sittlichkeit bzw. der Moralität angesehen werden könne. Selbst die Vorbildhaftigkeit des Lehrers will Schleiermacher „in Sachen der Gesinnung" nur „als eine negative Bedingung" gelten lassen. Wo es „auf die Gesinnung ankommt", möge man sich doch darauf beschränken, beim Heranwachsenden „den guten Willen anzuregen"; alles weitere werde „sich dann schon finden".[29] Die Aufgabe der Schule kann Schleiermacher zufolge allein darin bestehen, Selbständigkeit und Urteilsfähigkeit, also Bildung in der nachwachsenden Generation zu ermöglichen.

An diese neuhumanistische Differenz von Erziehung und Unterricht[30], von Schule und Gesinnung zu erinnern mag sinnvoll sein zu einer Zeit, in der der Ethik-Unterricht in vielen europäischen Ländern zu einem festen Bestandteil des jeweiligen nationalen Curriculums zu werden beginnt. In der Bundesrepublik Deutschland ist die Diskussion um den Ethik-Unterricht – unabhängig von der sehr kontrovers geführten Debatte, ob er als ein Ersatz für den Religionsunterricht eingeführt werden solle, was ich verneinen würde, weil Religion und Religionsunterricht sich nicht in ethischen Fragen erschöpft – nicht selten von der Hoffnung getragen, daß sich mit ihm so etwas wie „sittliche Kompetenz" nicht nur intendieren, sondern durch Unterricht vermitteln lasse. Ein renommierter Philosoph wie Robert Spaemann hat sich gar zu der These veranlaßt gesehen, daß allein in der Befähigung zum moralischen Handeln der Ethik-Unterricht seinen Sinn habe, andernfalls würde lediglich „die Orientierungslosigkeit auf ein höheres argumentatives Niveau" gehoben.[31]

Spaemanns These lebt von einer fragwürdigen und empirisch unhaltbaren Annahme der Orientierungslosigkeit der nachwachsenden Generation. Nach meiner Auffassung hat der Ethik-Unterricht dann und nur dann eine Chance, wenn er sich als eine Veranstaltung von Bildung und nicht von moralischer Unterweisung begreift. Der Ethik-Unterricht vermittelt, nüchtern gesehen, eben nur „Kenntnisse und Erkenntnisse“[32], und genau dies kann Schule als Institution allgemeiner und öffentlicher Bildung auch leisten. Er ist dann ein Ort der „Bewußtmachung“ (G. Buck), an dem das Denken und Sprechen der nachwachsenden Generation über moralische und moralisch relevante Angelegenheiten „auf ein höheres argumentatives Niveau“ gehoben werden kann. Solche bildende Bewußtmachung löst vielleicht auch Geltendes auf, stellt es in Frage, Normen, Werte, Orientierungen von Gesellschaften und Kulturen; sie konfrontiert aber auch – und genau darin besteht die ‚Selbstanwendung‘ – mit eigenen Orientierungen, seien sie über Sozialisation und Herkunft, über Medien oder Gleichaltrige vermittelt. Ethisches Argumentieren und Reflektieren machen aber in Sachen Moral nicht nur unterscheidungs- und damit kritikfähig, sie machen auch, aber letztlich ist das daßelbe, anerkennungsfähig, nämlich in bezug auf das, was sich durch prüfendes Denken und Nach-Denken als anerkennungswürdig und anerkennungsbedürftig erweist. Die moralische Erfahrung und Selbsterfahrung, die daraus hervorgehen kann, wäre dann zugleich eine bildende. Und gewiß liegt gerade darin die moralische Dimension der Bildung ebenso wie die bildende Wirkung der Moral.

Anmerkungen:

1 H. Lübbe u.a., Der Mensch als Orientierungswaise, Freiburg 1982, S. 37.
2 H. Klages/P. Kmieciak (Hg.), Wertewandel und gesellschaftlicher Wandel, Frankfurt 1979; H. Klages, Wertorientierungen im Wandel, Frankfurt 1985; ders., Wertedynamik. Über die Wandelbarkeit des Selbstverständlichen, Zürich 1988; R. Inglehart, Kultureller Umbruch. Wertwandel in der westlichen Welt, Frankfurt 1989.
3 Vgl. Mut zur Erziehung, Stuttgart 1978.
4 W. Brezinka, Rückblick auf 50 Jahre erlebte Pädagogik. In: Pädagogische Rundschau, 48 (1994), S. 650; ders., Erziehung in einer wertunsicheren Gesellschaft. Beiträge zur praktischen Pädagogik, München/Basel 1993.
5 B. Kozdon, Erziehungsfragen in der Gegenwart. In: N. Seibert/H. J. Serve (Hg.), Bildung und Erziehung an der Schwelle zum dritten Jahrtausend, Marquartstein 1996, S. 715.
6 Jugend ‘92. Lebenslagen, Orientierungen und Entwicklungsperspektiven im vereinigten Deutschland, Opladen 1992, Bd. 1, S. 233.

7 ebd., S. 232.
8 Jugend '97. Zukunftsperspektiven – Gesellschaftliches Engagement – Politische Orientierung, Opladen 1997, S. 11.
9 ebd., S. 17 und S. 340.
9a ebd., S. 299.
10 G. Schmidtchen, Wie weit ist der Weg nach Deutschland. Sozialpsychologie der Jugend in der postsozialistischen Welt, Opladen 1997, S. 45.
11 ebd. S. 60.
12 ebd. S. 364.
13 Vgl. H. Klages, Traditionsbruch als Herausforderung. Perspektiven der Wertewandelsgesellschaft, Frankfurt 1993, S. 27.
14 G. Schmidtchen, Wie weit ist der Weg nach Deutschland?, Opladen 1997, S. S. 350.
15 ebd. S. 360ff., S. 162, S. 29ff.
16 W. v. Humboldt, Über die innere und äußere Organisation der höheren wissenschaftlichen Anstalten in Berlin. In: W. v. Humboldt, Werke in fünf Bänden, hrsg. v. A. Flitner und K. Giel, Darmstadt 1969, Bd. IV, S. 258; vgl. hierzu auch J.-F. Lyotard, Das postmoderne Wissen, Graz/Wien 1986, S. 98ff.
17 W. v. Humboldt, Ideen zu einem Versuch, die Gränzen der Wirksamkeit des Staats zu bestimmen. In: W. v. Humboldt, Werke in fünf Bänden, a.a.O., Bd. I, S. 106.
18 F. Schleiermacher, Die Vorlesungen aus dem Jahre 1826. In: F. Schleiermacher – Pädagogische Schriften, Bd. II, hrsg. v. E. Weniger u. Th. Schulze, Düsseldorf 1966, S. 27.
19 H. Schelsky, Der Mensch in der wissenschaftlichen Zivilisation. In: ders., Auf der Suche nach Wirklichkeit, Düsseldorf-Köln 1965, S. 464.
20 Vgl. beispielsweise D. Benner, Wissenschaft und Bildung. Überlegungen zu einem problematischen Verhältnis und zur Aufgabe einer bildenden Interpretation neuzeitlicher Wissenschaft. In: Zeitschrift für Pädagogik, 4 (1990), S. 597-620.
21 Vgl. insbesondere J. Mittelstraß, Der Flug der Eule, Frankfurt 1989, S. 13ff. und S. 43ff.
22 W. Windelband, Über Begriff und Geschichte der Philosophie. In: ders., Präludien. Aufsätze und Reden zur Einleitung in die Philosophie, Freiburg/Tübingen 1984, S. 45 (zit. nach K. Ch. Köhnke, Entstehung und Aufstieg des Neukantianismus, Frankfurt 1986, S. 420).
23 I. Kant, Grundlegung zur Metaphysik der Sitten, Hamburg 1965, S. 58 (AA 434).
24 Th. W. Adorno, Theorie der Halbbildung. In: ders., Gesammelte Schriften, Bd. 8, Frankfurt 1972, S. 94.
25 H. Göckel, Im Spannungsfeld gegensätzlicher Forderungen. In: Schulreport, 6 (1985), S. 20.
26 N. Luhmann, Gesellschaftsstruktur und Semantik, Bd. 4, Frankfurt 1995, S. 31ff.; vgl. auch J. Bellmann, Kontingenzkultur. In: Einführung in die Kulturwissenschaft, hrsg. v. Th. Düllo u.a., Münster 1998, S. 59ff. (bes. S. 79ff.).
27 Vgl. G. Strobel-Eisele, Schule und soziale Evolution, Weinheim 1992, S. 191ff.
28 Vgl. zum Folgenden I. Lohmann, Über den Beginn der Etablierung allgemei-

ner Bildung. Friedrich Schleiermacher als Direktor der Berliner Wissenschaftlichen Deputation. In: Zeitschrift für Pädagogik, 6 (1984), S. 749ff., bes. S. 764.

29 F. Schleiermacher, Rezension zu Zöllners „Ideen über National-Erziehung". In: F. Schleiermacher – Pädagogische Schriften, Bd. I, hrsg. hrsg. v. E. Weniger u. Th. Schulze, Düsseldorf 1957, S. 68.

30 Natürlich können und müssen auf der Basis von Differenz Erziehung und Unterricht wieder rekombiniert werden.

31 R. Spaemann, Zum Sinn des Ethikunterrichts. In: H. Huber (Hg.), Sittliche Bildung. Ethik in Erziehung und Unterricht, Asendorf 1993, S. 350 (zit. nach W. Fischer, Ist Ethik lehrbar? In: Zeitschrift für Pädagogik, 1 (1996), S. 18).

32 W. Fischer, ebd. S. 28.

Marian Heitger

Verführungen in orientierungsloser Zeit

Unserer Zeit, so kann man immer wieder hören, ist die Orientierung abhanden gekommen. Gemeint ist damit die Möglichkeit, seinen Weg, seinen Lebensweg einigermaßen sicher und zielstrebig zu gehen; Kriterien und Maßstäbe, an denen man sich einigermaßen zu orientieren vermag, scheinen uns zu fehlen. Die großen Orientierungen sind verlorengegangen, verbindliche Ordnungen sind zerbrochen; woher soll der Mensch ein Maß nehmen: aus wandelbarer Kultur, aus Religionen, demokratischen Mehrheitsbeschlüssen?

Die Folge verlorener Maßgaben ist Unsicherheit, Ratlosigkeit und Hilflosigkeit; all das in einer Zeit, die dem Menschen vielerlei Entscheidungen abverlangt; in einer Zeit, in der immer wieder von Autonomie geredet wird; in einer Zeit, wo kollektive Vorentscheidungen – jedenfalls der verbalen Behauptung nach – nicht mehr angeboten werden, wo Konventionen, Sitte und Brauch brüchig geworden sind, wo Tabus ständig abgebaut werden.

Auf eine merkwürdige Weise scheinen die Freigabe des Menschen auf sich selbst im Sinne seiner Autonomie und die Hilflosigkeit des Menschen Orientierung für Urteil und Entscheidung miteinander zu korrelieren. Das hat zur Folge, daß Freiheit ängstigt oder gar abgelehnt wird, weil sie immer die Gefahr heraufbeschwört, in Willkür auszuarten, daß man nach neuer, wenn auch bevormundender Orientierung ruft.

Besonders betroffen von dieser zwiespältigen Situation ist vor allem die Pädagogik. Denn Autonomie und Freiheit, Selbstbestimmung und Mündigkeit sind zu den globalen und gängigen, scheinbar unantastbaren Forderungen bzw. Absichten pädagogischen Handelns, zum Programm der Moderne geworden. Andererseits aber bedürfen offensichtlich auch diese der Orientierung. Wo diese nicht gegeben werden kann, ist die Pädagogik in Gefahr, ihr Fundament zu verlieren. Man weiß nicht, wohin die Reise gehen soll.

Die Frage ist nicht abweisbar: Welche Ziele bzw. welches Ziel hat die Pädagogik, haben Unterricht und Erziehung, haben Schulen und pädagogische Institutionen? Oder, mit andern Worten: Was darf, was soll man fordern, was gebieten, was tolerieren, was soll man lehren?

Die Reihe der Unsicherheiten als Folge weltanschaulich-philosophischer Orientierungslosigkeit läßt sich beliebig erweitern. Sie zeigt sich in bezug auf das Curriculum bis zum Prüfen und Benoten, von der Disziplin bis zum offenen Unterricht, von universaler Toleranz bis zum Gesinnungsverlust, vom multikulturellen Relativismus bis zu versteckten Denkverboten.

Eine zweite Merkwürdigkeit ist anzuführen. Je größer die Ratlosigkeit in bezug auf Sinngebung des Pädagogischen, desto frecher und aufdringlicher wird die Bevormundung der Lehrer in bezug auf Methoden, Unterrichtsformen, didaktische Anweisungen, Notengebung, Prüfung usw.; entweder man, d. h. die Erziehungswissenschaft und die Bildungspolitik glauben die Unsicherheit durch strenge Vorgaben kompensieren zu müssen, oder sie halten die Situation für neue Bevormundung für besonders geeignet, oder sie glauben, in vermeintlicher Wertfreiheit versteckte eigene Wertvorstellungen listig einschleusen zu können: indem sie etwa verschweigen bzw. verschleiern, welche geheime Ideologie hinter dem Projektunterricht, hinter dem offenen Lernen, dem sozialen Lernen, hinter der Rede von den Kompetenzen, den Schlüsselqualifikationen usw. steht.

Das hier angesprochene Dilemma der Pädagogik, daß sie einerseits wirken will und soll, daß sie andererseits gerade dies nicht darf und nicht soll, ist ihr aufgrund ihres Telos immanent, hat sich andererseits im Gefolge von Aufklärung und Emanzipation radikalisiert. Wenn Orientierung unmöglich geworden ist, wenn die Angebote zur Orientierung durch Tradition, Politik und Religion unglaubwürdig geworden sind, wenn das Reden von Menschenbildern obsolet geworden ist, dann scheint es angebracht, vom Ende der Erziehung zu sprechen. Diese Konsequenz glaubt die sog. Antipädagogik ziehen zu müssen, statt von einem erzieherischen Verhältnis fordert sie Freundschaft mit Kindern, als Ersatz von

Pädagogik. Lehren wird zur Animation, Erziehung zur Beratung, zur Therapie. Wer noch erziehen will, gilt als Neurotiker, schlimmstenfalls als Diktator, der andern seine Meinung aufzwingen will. Denn die herrschende Orientierungslosigkeit erzeugt nicht nur individuelle Ratlosigkeit; der Verlust orientierender Verbindlichkeit hebt auch die Gemeinsamkeit von Menschen überhaupt und vor allem die von Lehrer und Schüler, von Erzieher und Zögling auf. Wo das Verbundensein eines einigenden Prinzips verschwunden ist, da wird Pädagogik zur Machtausübung, Erziehung zur Sozialstrategie und Unterricht zur Bevormundung, zum Zwang, sich etwas zu merken, aber noch schlimmer zum Fürwahrhalten.

Das Reden von einer Pädagogik des herrschaftsfreien Dialogs hat nur dann einen Sinn, wenn die Dialogisierenden ein für sie verbindliches Allgemeines anerkennen, das die Gemeinschaft stiftet, und gleichzeitig die Regulative für den Dialog benennbar machen, die den Dialog stiften, aber nicht zugleich auch den Gegenstand des Dialogs ausmachen, oder sogar die Endgültigkeit des Ergebnisses behaupten. Man wird sich also fragen müssen, ob diese Gemeinsamkeit noch vorausgesetzt werden kann, ob ein verbindliches Allgemeines, auf das Leben und Schüler festgelegt sind, noch auszumachen ist.

Angesichts dieser Skepsis spricht man vom Ende der Pädagogik. Zahlreiche Phänomene sog. fortschrittlicher Pädagogik lassen sich auf diese Tendenz zurückführen. Da ist die Rede vom Beraten statt vom Lehren und Erziehen, da stehen die Bedürfnisse des Kindes im Vordergrund schulischer Aktivität statt verbindlicher allgemeiner Aufgaben, da dringt die Psychotherapie in alle Bereiche der Pädagogik ein, da tritt an die Stelle gemeinsamer rationaler Argumentation die Betonung sozialer Befindlichkeit und subjektiver Betroffenheit. All das scheint eine Folge der Orientierungslosigkeit zu sein und verführt zur Absage an Pädagogik und schließlich auch von Bildung.

Dieser Verlust bzw. Verzicht auf gemeinsam Verbindliches führt entgegen allen Erwartungen und euphorischen Versprechungen nicht zu einer größeren Freiheit und Autonomie von Schule und pädagogischem Handeln. Im Gegenteil: Kontrolle und Gesetz,

Sanktionen und Strafe breiten sich immer mehr aus; wo der Mensch orientierungslos geworden ist, da bedarf er der Steuerung von außen durch Kontrolle und Strafe. Vielleicht kann das Phänomen der Orientierungslosigkeit in der Pädagogik und Schule auch einmal unter dem Gesichtspunkt zunehmender Verrechtlichung und Vervorschriftung gesehen werden. Das Gewähren von Schulautonomie wird dann zur Täuschung, die die Kontrolle erträglicher machen soll, entartet zum Schein, zur Strategie als Beruhigung bei allgemeiner Hilflosigkeit.

Das harmlos klingende Wort – auch von geistiger Kontrolle – heißt Evaluation; und die moderne Erziehungswissenschaft erklärt sich im Glauben an den eigenen Fortschritt zur Ausarbeitung ausgeklügelter Modelle zur Leistungsbeurteilung bereit, statt dem Treiben der Kontrollore Grenzen zu setzen.

Im Bewußtsein der Orientierungslosigkeit, im Erfahren der Belastung durch Unsicherheit haben auch jene die Tribüne der Öffentlichkeit betreten, die diese Unsicherheit durch eine neue, strikte, plausible und scheinbar einsichtige Orientierung aufzuheben versprechen und besonders bei Jugendlichen reichlich Anklang finden; es sind auch die Verführer unterwegs, die zum Aufbau und zur Stabilisierung ihrer Macht neue Gewißheiten bieten. Man denke an Sekten, an sog. Fundamentalisten, an die Radikalen und ihre Bewegungen. Dabei sollte man doch nicht vergessen, welches Elend die Einheitsideologien, die geistigen und physischen Diktatoren und Diktaturen in ihrer vermeintlichen Heilsgewißheit über die Welt gebracht haben. Sie glaubten den Sinn der Weltgeschichte genau zu kennen, sie opferten Millionen von Menschen für ihr eindeutig die Geschichte bestimmendes Endziel, sie sahen sich als Vollstrecker der Weltgeschichte, als Instrument der Vorsehung oder des Weltgeistes und glaubten in diesem anmaßenden Wahn alles rechtfertigen zu können, d. h. verantwortungslos, d. h. die Verantwortung los zu sein.

Dies hat natürlich auch für die die Pädagogik seine Konsequenzen. Eine feste Orientierung, eine genau festgelegte Zielvorgabe für Gesellschaft und Staat findet zwangsläufig ihren Niederschlag in einer Pädagogik, mit der man versucht, sie als Mittel zur Finalisierung des vorgegebenen Zweckes zu gebrauchen. Man muß nicht auf den

Nationalsozialismus oder den internationalen Sozialismus stalinistischer Prägung zurückgreifen, auch die Gegenwart ist nicht von derartigen Verführungen frei. Eine orientierungslos gewordene Pädagogik ist immer in Gefahr, instrumentalisiert zu werden und dadurch den Menschen erst recht zu bevormunden, und damit gegen sich selbst zu handeln, der eigenen Absicht zu widersprechen.

Die bisherigen Überlegungen haben scheinbar die der Pädagogik immanenten Widersprüche verschärft. Offensichtlich ist eine orientierungslos gewordene Pädagogik zur völligen Ohnmacht verurteilt; diese Ohnmacht macht sie anfällig dafür, fremden Machtgelüsten zu erliegen, die im unkritischen Bewußtsein die Gewißheit des eigenen Wissens behaupten, um sich der Pädagogik zu bemächtigen.

In dieses Dilemma kommt die Pädagogik aber auch dann, wenn sie versucht, der Frage nach einer verbindlichen Orientierung überhaupt auszuweichen, d. h. eine Pädagogik ohne Wert- und Sinnfragen zu diskutieren. Das Fatale an der Pädagogik ist, daß auch diese Reduktion eine „geheime Metaphysik" enthält, denn der Verzicht auf die Diskussion von Wertfragen enthält auch eine Wertung. Der hier deutlich werdende Widerspruch zeigt eine scheinbar ausweglose Situation: Wer handelt, macht sich schuldig, wer nicht handelt, macht sich ebenfalls schuldig.

Ehe man sich resigniert diesem Widerspruch unterwirft, ist die Frage nach dem, was Orientierungslosigkeit bedeuten kann, genauer zu stellen und zu beantworten, bzw. die Fragen nach dem Menschen, nach dessen Dasein unter dem Aspekt von Orientierungslosigkeit näher zu betrachten.

Zunächst einmal muß man sehen, daß die genannte Orientierungslosigkeit Ausdruck und Folge des Pluralismus und der pluralistischen Gesellschaft ist. Pluralismus seinerseits ist die Folge der Anerkennung von Freiheit und individueller Selbstbestimmung. Pluralismus ist Ausdruck und Folge der Freigabe des Menschen auf sich selbst hin. Besser könnte man formulieren, daß Pluralismus Ausdruck und Folge von einem neuen Bewußtsein des Menschen von sich selbst ist, so wie er sich heute in einem freien Staats- und Gesellschaftsverständnis begreift.

Die Gewährung von Pluralismus ist dann eben auch der Verzicht auf ein den Menschen vorgeschriebenes Normsystem. Wenn man diese Freiheit nicht aufgeben will, wenn man die Staatsform der Demokratie nicht aufheben will, dann muß man Pluralismus nicht nur zulassen, sondern ausdrücklich wollen.

Pluralismus ist auch nicht als ein in Kauf zu nehmendes Elend der Menschen der Gegenwart zu sehen. Man kann Pluralismus als Reichtum begreifen, der die unendlich vielen Formen des Menschsein zum Ausdruck bringt, damit Engstirnigkeiten und Einseitigkeiten vermieden werden. Und schon hier ist anzumerken, daß große Denker unserer klassischen Tradition in der Pädagogik diesen Gedanken zum Ausdruck gebracht haben: etwa der Bischof von Regensburg, Johann Michael Sailer, wenn er in seiner Erziehungslehre den weisen Erzieher zum Zögling sagen läßt, werde nur ein komplettes Du; wenn Humboldt Individualität, Universalität und Totalität miteinander verbinden will oder wenn in der Antike Platon den Sokrates sagen läßt, daß er niemals jemandes Lehrer gewesen sei; wobei allerdings sein besonderes Verhältnis von Lehren und Lernen zu berücksichtigen ist, das er einerseits als Hebammendienst, andererseits als Wiedergeburt definiert.

Pluralismus ist weder zu vermeiden noch zu beseitigen, wenn man nicht das Selbstbestimmungsrecht des Menschen mißachten will. Wie aber, so muß die weiterführende Frage lauten, ist zu verhindern, daß Pluralismus in Relativismus und Beliebigkeit ausartet; m.a.W., wie ist zu sichern, daß Erziehung möglich bleibt und ihre Notwendigkeit einsichtig gemacht werden kann? Die Frage verweist auf die Anthropologie, in der allerdings das gleiche Dilemma aufzubrechen scheint. Eine Anthropologie will immer versuchen, eine Bestimmung des Menschen zu artikulieren. Sie setzt damit voraus, was sie erst aufweisen müßte; denn es geht ja gerade darum, ob eine Bestimmung des Menschen überhaupt möglich ist, vor allem eine Bestimmung, aus der dann die entsprechende Orientierung für pädagogisches Handeln abgeleitet werden könne.

Wenn man die Frage nach dem Menschen von vorlaufenden Bestimmungen, von vorgegebener Metaphysik freihalten will, um in Unterricht und Erziehung den jungen Menschen nicht unter Kuratel zu stellen, d. h. um ihn nicht zu bevormunden, aber auch, um ihn nicht als Objekt einer ermächtigenden Bearbeitung auszuliefern, dann muß vom Denken und von nichts anderem als vom Denken als Denken, unabhängig von seinen jeweiligen Inhalten, ausgegangen werden. Das ist nicht nur ein Rückgriff auf Descartes' „cogito ergo sum", sondern der Versuch eines Ausgangs von unleugbarer Gewißheit. Denn die kritische Frage nach dem Menschen, die alle weitere Bestimmung offenläßt, ist der Ausgang von einer Gewißheit, die sich nicht auf den Inhalt des Denkens bezieht, sondern auf das Faktum des Denkens selbst.[1]

Dies ist nicht zu leugnen, weil ohne Denken das Fragen selbst nicht möglich wäre. Das ist nicht eine metaphysische Setzung, sondern eine offene Frage, weil nicht der Inhalt des Denkens angesprochen ist, sondern dieses selbst in seiner Gesetzmäßigkeit, was auch immer sein bestimmter Inhalt sein mag.

Wenn vom Denken die Rede ist, dann muß ein Zweites gleich mitgedacht werden. Das Denken weiß um sich, muß um sich wissen, somit wäre ein Akt des Bewußtseins vorausgesetzt, der gleichzeitig außerhalb des Bewußtseins wäre und mit sich selbst im Widerspruch stünde. Das ist nicht denkbar.

Damit muß ein Drittes mitgedacht werden, das zum Denken gehört. Das Denken weiß um sich, damit es sich selbst Rechenschaft geben kann; es kann sich selbst zum Gegenstand des Denkens machen, kann nach seiner eigenen Plausibilität, nach seiner Stringenz, nach seiner Geltung fragen. Wenn diese Frage möglich ist, dann folgt daraus stringent die Aussage, daß dem Denken Urteilsfähigkeit in einem weitesten und formalsten Sinne zugedacht werden muß, ohne sie jeweils konkret zu behaupten.

Wer von Urteilsfähigkeit spricht, wer die Frage der Geltung dem Denken zugesteht, muß sich mit dem Gedanken der Wahrheit konfrontieren, nicht mit einer bestimmten Wahrheit, sondern mit der Möglichkeit, nach ihr zu fragen, ohne sie selbst bestimmen zu können.

Die Folge unserer bisherigen Überlegungen ist die: Der Versuch, eine sichere Orientierung für den Menschen zu finden, die aufgrund ihrer absoluten Gewißheit als für alle verbindlich anerkannt werden kann, muß scheitern, sofern sie eine konkrete Bestimmtheit zum Ausdruck bringt, weil der Mensch denkend sich erst Orientierungen und Sinngebung schaffen muß; sonst hätte er sich selbst als Subjekt abgeschafft. Ein bestimmtes Menschenbild läßt Pädagogik in Zwang ausarten; das Für-wahr-halten könnte erzwungen werden. Ebenso müßte Erziehung durch soziale Strategien wirksam im wörtlichsten Sinne werden können. Der Gedanke von Freiheit und Verantwortung wäre getilgt, der Mensch zu einem Gegenstand unter Gegenständen degradiert, der in seinem Denken nicht mehr Bedingung möglicher Gegenstände, nicht mehr Bedingung möglicher Sinngebungen wäre.

Anders sind die Voraussetzungen, wenn man sich lediglich auf die formale Gewißheit des Denkens und seine Gesetze einläßt. Dann läßt sich die Aufgabe der Pädagogik ohne Verletzung des Prinzips der Selbstbestimmung im Denken definieren. Diese Absicht wird vielmehr richtungsgleich mit der der Selbstbestimmung, wenn diese nicht zur willkürlichen Setzung ihrer selbst verkommen soll. Dieser normative Anspruch wäre universal, weil kein Mensch davon ausgenommen sein dürfte, sofern ihm das Attribut des Denkens nicht abzusprechen ist. Diese Universalität stiftet gleichzeitig die Möglichkeit einer herrschaftsfreien Beziehung der Individuen, eben auch im pädagogischen Verhältnis.

Die Universalität dieses Anspruchs macht es, daß jeder pädagogische Akt sich unter ihm definiert: in allem Unterricht, unabhängig von seinem Gegenstand, in jeder Erziehung, unabhängig vom jeweiligen Anlaß und der jeweiligen Aufgabe. In ihm gewinnt die Pädagogik eine sie definierende Richtungsbestimmtheit.

Dieses Denkenlernen ist nicht als blinde, willkürliche Aktivität gemeint, sondern in der Verbindlichkeit der dem Denken immanenten Gesetze; – mit Platon zu sprechen, als unter dem Logos stehend; mit Kant zu reden, als unter der leitenden Beziehung auf Wahrheit stehend.

Die Universalität dieses Anspruches begründet in der Pädagogik den Widerstand gegen alle Versuche, das Denkenlernen aus der Schule zu vertreiben; auch wenn diese Versuche sich als kinderfreundliche Wohltat ausgeben. Die größte Wohltat, die man Kindern und jugendlichen Lernenden überhaupt antun kann, ist, sich – wie Kant einmal formulierte – „im Denken orientieren" zu lernen.

Bevor die pädagogischen Konsequenzen aus dieser unbestimmten Bestimmtheit gezogen werden, ist kritischen Einwänden und skeptischen Vorwänden zu begegnen. So stellt sich zunächst die Frage, ob mit dieser Bestimmtheit des Menschen im Denken nicht doch eine dogmatische Bevormundung im Sinne der Diktatur der Rationalität, des Zwanges zum Argument verordnet wäre. Wo bleiben Gefühl, Erlebnis, Stimmung, können sie nicht gleiches Recht für sich beanspruchen? Wer so fragt, verkennt die Absicht und den Zusammenhang. Denn von Gefühl und Erlebnis, von Stimmung, von sozialer Bindung, Geborgenheit, Konflikt, Liebe, Harmonie und Widerspruch können wir nur reden, wenn das Ich im Bewußtsein um sie weiß. Damit ist nicht deren objektivierende Analyse gemeint, die häufig genug als Verlust der Intensität erfahren wird. Aber ohne Denken können sie dem Subjekt auch im Erleben nicht gegeben sein und entziehen sich jedem pädagogischen Anspruch; und wo Gefühle als Ersatz für Argumente herhalten sollen, werden jene mißbraucht und diese entziehen sich jeder Kritik.

Ein anderer Einwand zählt noch schwerer. Er lautet: Ist hier nicht doch dem Menschen eine orientierte Bestimmung vorgegeben, bzw. wird dieses nicht aus zirkulärem Denken erschlichen? Zirkuläres Denken erzeugt gleichzeitig jenen abstrakten Formalismus, der für die Pädagogik nichts hergibt, der also nur scheinbar eine Lösung anbietet. Wer so kritisiert, der muß zunächst noch einmal auf das Grundproblem verwiesen werden, das nun differenzierter gefaßt werden kann.

Kant hat in unserem Zusammenhang die bezeichnende Frage gestellt: „Was heißt: Sich im Denken orientieren?" Diese Formulierung deutet an, daß wir weder fertige Orientierungen haben, noch die erreichten Wertigkeiten unseren Schülern ohne Denken vermitteln können. Sich im Denken orientieren wird zur immerwährenden Aufgabe. Denken definiert sich im Ringen um Wissen. Wissenwollen ist der Vernunft immanent. Das Wissen bleibt vorläufig, ist durch Irrtum immer wieder gefährdet. Das Wißbare wird nie erreicht, immer nur ein „farbiger Abglanz". Deshalb bleibt das Denken eine den Menschen begleitende Aufgabe, die gelernt werden muß.

Die Universalität dieser Aufgabe korrespondiert mit ihrer Unbeantwortbarkeit. Das darf nicht ein Grund für Resignation und Verzweiflung sein. Denn der formale Charakter der Bestimmtheit eröffnet zwar den Blick auf die Unendlichkeit der Aufgabe, gleichzeitig gewinnt sie sich selbst auch in immer neuen Wertigkeiten.

Der formale und abstrakte Charakter der Bestimmung ist weder Bequemlichkeit des Denkens noch dessen Kapitulation vor konkreten Aufgaben; sie ist der Versuch, dem „Ich" kein festes Bild vorzugeben und dennoch pädagogischem Handeln durchgängigen Sinn zu geben. Das soll an einigen seiner Regulative deutlich werden.

Zunächst einmal gewinnt sie seine Sozialität des Menschseins, die nicht gegenseitige Abhängigkeit stiftet, deren Beziehung sich in positiver Unabhängigkeit voneinander definieren läßt. Diese Gemeinschaft ist gestiftet durch die Universalität des Denkens und seiner Geltungsbindung. Nicht Nationalität und kulturelle Sozialisation, nicht Rasse oder Konfession sind maßgebend, sondern die Bindung aller an Geltung, die durch das Denken selbst konstituiert ist.

Wenn darin der Gedanke der Bildsamkeit als konstitutives Regulativ zum Vorschein kommt, nämlich in der Notwendigkeit und Möglichkeit, sich im Denken zu orientieren, dann darf diese niemandem abgesprochen werden, weder in der Aussonderung durch Krankheit oder rassische Zugehörigkeit.

Eine zweite allgemeine Konsequenz schließt sich für die bildungstheoretische bzw. bildungspolitische Diskussion unmittelbar an.

Seit Jahren ist die Rede vom Wertewandel. Soziologen warten mit immer neuen Erhebungen und sich ständig wandelnden Ergebnissen auf, aus denen dann die Moralisten den zunehmenden Werteverfall herauslesen. Und wiederum wird die Forderung nach Wertevermittlung in der Erziehung laut. Das macht erst recht deren Hilflosigkeit deutlich.

Noch dubioser ist die Vorstellung von deren Vermittlung. Sollen bestimmte Werte den jungen Menschen eingepflanzt werden, ihnen quasi aufgenötigt werden? Man weiß, daß das weder pädagogisch legitim ist, wenn man den Menschen nicht als Subjekt bzw. als Person anerkennt, noch daß mit derartigen Vorhaben dem Pluralismus und der Unsicherheit abgeholfen werden kann; besser wäre vom Wertenlernen als Antwort auf Pluralismus und zur Überwindung von Orientierungslosigkeit die Rede.

Im systematischen Vorgehen unserer Gedankenführung sind die Konsequenzen für die Pädagogik in Unterricht und Erziehung zu bestimmen. Die Formalität des normativen Anspruchs läßt kein Unterrichtsmodell zu, keine sog. neue Methode erwarten, wie sie zur Zeit und schon seit einigen Jahren auf dem Jahrmarkt der erziehungswissenschaftlichen Neuigkeiten angeboten werden, sondern die ständige Reflexion darauf, ob die Absicht, sich im Denken zu orientieren, eingehalten wird.

Dabei ist zu beachten, daß ein Lernen unter jenem Regulativ nicht auf das Merken des jeweiligen Inhalts konzentriert sein darf, sondern auf das richtige Lehren und Lernen selbst. Das ist kein additiver Zusatz, sondern mit dem Lehren und Lernen eines jeden Gegenstandes verbunden. Lernen darf nicht zu jenem geisttötenden Verfahren verkommen, wo allein auf Merkfähigkeit geachtet wird. Hier ist vom Orientieren im Denken die Rede, vom Lernen, das in redlichem Argumentieren zum Wissen führt, zu einem Wissen, das durch kritisches Prüfen durch die je eigene Vernunft seine Geltung rechtfertigt; vom Lernen des kritischen Umgangs mit den eigenen Vorurteilen, vom richtigen Fragen, vom richtigen Argumentieren ist die Rede. Denn Wissen ist auf Argumente verwiesen, wenn es nicht Scheinwissen und bloße Behauptung sein will. Das Argumentieren verweist auf den Dialog. In ihm definiert sich jede Form pädagogischer Vermittlung.

Wieder drängt sich die Frage auf, ob das Reden vom Dialog nicht die Herrschaftsabsicht immer verschleiert, ob es nicht darum ginge, sich mit seiner Meinung durchzusetzen. Argumente dienen ja gerade dazu, die je eigene Meinung zu begründen, den anderen nach Möglichkeit zu überzeugen. Diese Gefahr ist natürlich nicht auszuschließen, und besonders im Unterrichtsdialog, wo der Lehrende das Ende des Dialogs schon kennt; denn das macht sein Lehrersein aus. Dialog aber verbietet, sich auf das bloße Behaupten zu beschränken, sich mit einer allfälligen Wiederholung des Gesagten zufriedenzugeben, Gründe schuldig zu bleiben.

Wer im Unterrichten dem Schüler helfen will zu lernen, sich zu orientieren, der muß ihm helfen, das Denken zu lernen, der muß ihm helfen, das Fragen und Antworten zu lernen, der muß ihm helfen, das Argumentieren zu lernen.

Das Maß für das Argument ist die Vernunft, ihre allgemeine Gesetzmäßigkeit, so wie sie sich in methodischer Differenzierung aufweisen läßt. Denn in der methodischen Gebundenheit des Denkens, die keine willkürliche Unterwerfung unter den Gegenstand bedeutet, gibt sich das Denken in Ansehung des Gegenstandes selbst das Gesetz des Denkens. Das nennt man methodisch diszipliniertes Denken, das orientiert, ohne zu bevormunden, weil es den Gesetzen des Denkens selbst entspricht.

In methodischer Differenzierung findet das Denken Orientierung: Z. B. daß in der Geschichte anders zu argumentieren ist als in den Naturwissenschaften, in der Mathematik anders als in der Biologie. In der Geschichte geht es um handelnde Personen, in den Naturwissenschaften um das Auftreten von Naturgesetzen, in der Mathematik um die gegenstandslose Zahl, in der Biologie um die Gesetze der Natur im Telos des Lebens.

Wenn man im Zusammenhang mit der Frage von Orientierung schulkritische Anmerkungen machen will, dann zeigt sich die Perversion des Unterrichts einmal in der orientierungslosen Relativität des Fragens und Argumentierens, zum anderen in der Bevormundung des Lehrers durch modische, staatlich abgesegnete sog. Unterrichtsverfahren. Wenn die Vernunft nicht in disziplinierter Orientierung sich selbst die gegenstandsgemäße Methode gibt, dann wird man sich nicht wundern dürfen, wenn das Denken in die Irre geht; z. B. wenn statistische Mehrheiten zum Ersatz von Argumenten werden, wenn die Stimmung, die Betroffenheit die Begründung ersetzt, wenn der Unterhaltungswert einer Aussage mehr zählt als die

Wertigkeit der erreichten Geltung, wenn Anpassung als erfolgversprechendes Motiv wichtiger wird als das Selber-Denken und der Mut zur eigenen Überzeugung.

Durch solches Lehren und Lernen landet das Denken wieder in der Antinomie von bevormundender Orientierungsvorgabe und relativierender Willkür.

Die Aufgabe der Erziehung zeigt das Dilemma noch deutlicher. Auf der einen Seite herrscht jene Unsicherheit und Bindungslosigkeit, die zur Herrschaft der Mächtigen führt, zur blinden Gefolgschaft gegenüber dem Zeitgeist. Auf der anderen Seite findet sich jene stupide anmaßende Orientierungsvorgabe, die das Ich unter ihre unwiderrufliche Norm zwingt, für Freiheit und Moral keinen Platz mehr frei läßt.

Wieder ist zu reden von den zwei Seiten der einen Medaille. Der Ausweg aus dem Dilemma der Erziehung in der Schule, die immer in Gefahr ist, eine staatlich verordnete Moral und Gesinnung zu fordern und zu fördern, ist nur zu gewinnen, wenn der Mensch selbst lernt, sich zu orientieren. Wiederum taucht natürlich die Frage nach möglichen Kriterien für die Orientierung des Handelns auf. Sie ist nicht in einem vorgegebenen Normsystem, nicht in der Tradition, nicht in Sitte und Brauchtum zu finden. Sie repräsentieren alle historisch entwickelten und auch immer wieder überholbaren Normensysteme. Sie können das Denken schärfen, sind hilfreich in ihrer Vorläufigkeit. Endgültigkeit gewinnt mögliche Orientierung im Gewissen und dessen absoluter Normativität.

Das Gewissen ist nicht die Summe von Normen, die von Staat und Gesellschaft, Schule und pädagogischen Institutionen aufgestellt und sanktioniert worden sind. Das Gewissen ist vielmehr die Bedingung der Möglichkeit, sich immer wieder neu zu orientieren, nach dem Maß des Handelns immer wieder zu fragen.

Alle Erziehung ist demnach auf das Gewissen als Bedingung seiner Möglichkeit verwiesen. M.a.W.: Das Gewissen ist nicht Gegenstand der Erziehung, sondern seine Voraussetzung. Gewissensbildung ist nicht Bildung des Gewissens, sondern des Menschen auf seinen Anspruch hin.

Der Mangel an Orientierung wird dann zur absoluten Ausweglosigkeit, wenn man die Normativität des Gewissens leugnet, vor allem weil und wenn die Gewissensfrage im Sinne der Normativität so schwer zu beantworten ist und sich gegenständlicher wissenschaftlicher Analyse entzieht.

Für Freud ist das Gewissen die Entwicklung des Über-Ich, abhängig von psychischer und sozialer Gegebenheit; es wird zum Tyrannen, der das Ich zu beherrschen sucht. Für Marx ist auch das sittliche Bewußtsein das Ensemble des gesellschaftlichen Seins, dieses stellt in der Person eine unüberwindbare Schranke dar. Für die Behavioristen verschwindet die Freiheit der Entscheidung überhaupt unter dem Zwang kausaler, zumindest quasikausaler Mechanismen, die das Ich steuern.

Diesen Theorien liegt neben vielen anderen Irrtümern vor allem jenes fehlerhafte Denken zugrunde, das aus tatsächlichen Aussagen unzulässige Verallgemeinerungen und aus diesen grundsätzliche, prinzipielle Behauptungen konstruiert. Diese Theorien werden durch motivationale Interessen unterstützt. Wo keine Orientierung an der Normativität des Gewissens möglich ist, da schwindet auch der Begriff der Verantwortung und mit ihm der der Schuld. Schuld zu leugnen wird dann zur Überlebensstrategie, wenn der Glaube an Vergebung und Erlösung geschwunden ist.

In diesem Referat war von Verführungen durch Orientierungslosigkeit zu reden. Die Analyse brachte Merkwürdiges zutage. Denn einerseits widerspricht eine fixe, d. h. feststehende Orientierung der Pädagogik; andererseits bedeutet die Leugnung der Möglichkeit von Orientierung das Ende der Pädagogik.

Eine Antwort zur Überwindung dieses Widerspruchs ist nur zu gewinnen, wenn im Denken selbst die Möglichkeit der Orientierung aufgesucht und gefunden wird. Damit ist nicht ein konkreter, gegenständlicher Inhalt gemeint, sondern die dem Denken, d. h. auch der Vernunft selbst innewohnende Möglichkeit, sich im Denken zu orientieren; was immer auch diesem Denken als Aufgabe gestellt sein mag. Dabei ist dessen leitende Beziehung auf Wahrheit ebenso gemeint wie Orientierung im Gewissen. Wer jene Bedingungen leugnet, der leugnet das Denken, der leugnet das Subjekt und Personsein des Menschen.

Wenn aber jene Bedingungen gelten, dann muß Schule der Ort des Denkens sein, des Bemühens um begründetes Wissen und vor allem der Ort der Entfaltung von Vernunft; dann muß Schule auch der Ort jener Erziehung sein, die nicht Zwang und Verhaltenssteuerung betreibt, sondern sensibel macht für den Gewissensanspruch und dessen Verbindlichkeit in Tat und Haltung fordert und forciert.

Orientierung im Denken, in theoretischer und praktischer Vernunft ist das, was vernünftigerweise mit Selbstbestimmung angesprochen werden kann. Wiederum sind die Unterscheidungen zu bedenken. Selbstbestimmung ist nicht identisch mit beliebiger Selbstverwirklichung. Sie folgt nicht augenblicklichen und zufälligen Bedürfnissen. Sie kann ihre soziale Bindung nicht leugnen, wenn sie nicht in ihrer Widersprüchlichkeit verkommen soll.

Selbstbestimmung ist der Versuch, sich selbst nach dem Gesetz seines Menschseins zu bestimmen, da ist Individualität und Sozialität, Universalität und Einmaligkeit miteinander verbunden.

Selbstbestimmung ist nicht delegierbar. Das zeigt die ohnmächtige Macht der Pädagogik; auch in Unterricht und Erziehung. Sie zeigt gleichzeitig Notwendigkeit und Möglichkeit. Selbstbestimmung ist anstrengend, weil sie die Emanzipation von die Freiheit behindernden Fesseln meint; die Emanzipation von Vorurteilen, von der Bequemlichkeit in der Nachfolge des Zeitgeistes.

Orientierungslosigkeit führt zur Verführung, wenn sie aus Bequemlichkeit sich dem Akt der Orientierung verweigert und vorgefertigte Orientierungen übernimmt. Sie wird zur Verführung, wenn sie das Nichtwissen zum Vorwand für Beliebigkeit nimmt.

Sich im Denken orientieren, bleibt eine immerwährende Aufgabe, die der Pädagoge dem jungen Menschen nicht abnehmen kann, die er ihm aber auch nicht erlassen kann, nicht aus Willkür, sondern aus der Gegebenheit unseres Daseins.

Damit ist keine anwendbare Regel für Pädagogisches gegeben, sondern ein Prinzip aufgezeigt, in dessen Verbindlichkeit sich der Lehrer zu orientieren hat. Auch ihm kann keine Schulbehörde, keine ministerielle Anweisung dieses Sich-orientieren-Müssen abnehmen. Wer immer wieder nach staatlichen oder auch erziehungswissenschaftlichen Anweisungen ruft, dem sei Kants Wort aus dem Anhang zu seiner Schrift: „Zum ewigen Frieden“ in Erinnerung gerufen: „Die Moral ist schon an sich selbst eine Praxis in objektiver Bedeutung, der Inbegriff von unbedingt gebietenden Gesetzen, nach denen wir handeln sollen“ ... „mithin kann es keinen Streit der Praxis mit der Theorie geben.“[2]

Anmerkungen:

1 Vgl. dazu Kant: Was heißt: sich im Denken zu orientieren? Freiheit im Denken ist die Unterwerfung der Vernunft unter keine anderen Gesetze als: „die sie sich selbst gibt, und ihr Gegenteil ist die Maxime eines gesetzlosen Gebrauchs der Vernunft ... Die Folge davon ist natürlicher Weise diese: daß, wenn die Vernunft dem Gesetze nicht unterworfen sein will, das sie sich selbst gibt, sie sich unter das Joch der Gesetze beugen muß, die ihr ein anderer gibt.“ Bd. 5. S. 265. In: Kant, Werke, Wissenschaftliche Buchgesellschaft, Darmstadt 1968.

2 Immanuel Kant: Zum ewigen Frieden, B 71.

Reihe „Grundfragen der Pädagogik der Gegenwart"

Elitebildung oder Chancengleichheit

Alternative einer mißverstandenen Bildungspolitik
Hrsg. v. Marian Heitger
88 Seiten; 20,5 x 12,5 cm; Broschur
ISBN 3-7022-1684-7

* * *

Der Mensch – das Maß der Bildung?

Hrsg. v. Marian Heitger / Angelika Wenger-Hadwig
124 Seiten; 20,5 x 12,5 cm; Broschur
ISBN 3-7022-1965-X

* * *

Schule der Gefühle?

Zur Erziehung von Emotion und Verhalten
Hrsg. v. Marian Heitger / Alfred Schirlbauer
148 Seiten; 20,5 x 12,5 cm; Broschur
ISBN 3-7022-1836-X

TYROLIA

Das Unzeitgemäße einer zeitgemäßen Pädagogik

Hrsg. v. Angelika Wenger-Hadwig
128 Seiten; 20,5 x 12,5 cm; Broschur
ISBN 3-7022-2057-7

* * *

Pädagogik im Widerspruch

Hrsg. v. Angelika Wenger-Hadwig
128 Seiten; 20,5 x 12,5 cm; Broschur
ISBN 3-7022-2035-6

Reihe „Fragen der Inneren Schulreform“

Feministische Pädagogik

Ein Problem, das alle angeht
Hrsg. v. Angelika Wenger-Hadwig
112 Seiten; 20,5 x 13,5 cm; Broschur
ISBN 3-7022-2109-3

***

Der Lehrer

Hoffnungsträger oder Prügelknabe der Gesellschaft
Hrsg. v. Angelika Wenger-Hadwig
88 Seiten; 20,5 x 13,5 cm; Broschur
ISBN 3-7022-2164-6